Palabras de la vida para la salud del alma y del cuerpo

La Palabra eterna,
el Dios Único, el Espíritu Libre,
habla a través de Gabriele,
así como a través
de todos los profetas de Dios –
Abrahán, Job, Moisés, Elías, Isaías,
Jesús de Nazaret,
el Cristo de Dios

Palabras de la vida

para la salud del alma y del cuerpo

El libro se basa en
la manifestación del Cristo de Dios
«Origen y formación
de las enfermedades»,
dado a través de la profeta instructora y
enviada de Dios, Gabriele,
en el año 1986

Editorial Gabriele
La Palabra

Spanisch
3ª edición en español: 2023

Max-Braun-Str. 2, 97828 Marktheidenfeld, Alemania
www.gabriele-verlag.com
www.editorialgabriele.com

Título del original en alemán:
»Worte des Lebens für die Gesundheit
von Seele und Körper«

Traducción autorizada por la editorial
Gabriele-Verlag Das Wort

En todas las cuestiones relativas al sentido,
la edición original en alemán tiene validez última

Nº de pedido: S117TBesPOD

ISBN: 978-3-96446-407-1

A modo de prólogo

No es la lectura de este escrito
la que conduce a la sanación,
sino la realización de aquello
que ha sido reconocido.

No es el yo del ser humano el que sana,
sino el Yo Soy, el Espíritu de Cristo.

No es el amor egoísta el que nos libera,
sino el amor altruista a Dios y a
todos los seres humanos y a todo SER.

La salud, la dicha y la libertad
están en nosotros mismos.

Esta manifestación del Señor
nos muestra el camino hacia allí.

Dios ayuda, alivia y sana.

Gabriele

Índice

Cristo, el Señor, el Redentor de la humanidad, dio esta manifestación fundamental en el poderoso cambio de era en el que nos encontramos actualmente, a través de Gabriele, la profeta de Dios, en el año 1986, es decir, en un tiempo en que en esta Tierra la naturaleza estaba tan sana, que se podían dar aún indicaciones referentes al efecto curativo para la salud de medicamentos de base natural, del agua y de la luz solar.

En muchas manifestaciones, que en parte ya se dieron a la humanidad hace más de 40 años –y de manera muy especial en esta manifestación «Origen y formación de las enfermedades»–, el Espíritu del Cristo de Dios advirtió una y otra vez insistentemente sobre los peligros que amenazan al mundo si la humanidad no cambia su manera de comportarse. Una oportuna reorientación total, en base a una orientación espiritual del modo de pensar y vivir de los seres humanos por medio del cumplimiento de los Mandamientos divinos, habría elevado la vibración del planeta Tierra, y la humanidad habría alcanzado la armonía con las elevadas fuerzas de la vida, que son las que mantienen nuestro planeta y todo lo que está en y en torno a él y conducen a la evolución.

Para la Tierra y para cada uno de sus hijos humanos Dios no quería destrucción, sufrimientos, necesidades y horror, sino la evolución. La humanidad, sin embargo, no tomó en cuenta Sus advertencias y Sus indicaciones.

Entretanto ha acontecido lo que el Señor ya dijo advirtiendo hace años, también en la presente manifestación. La naturaleza ha sido destruida de forma irreparable; una creciente cantidad de catástrofes de la naturaleza presagia lo peor; el mundo y la humanidad se están derrumbando. A raíz de la entretanto acaecida contaminación de la Tierra, las indicaciones de Cristo, que se refieren a ingerir las fuerzas sanadoras y vitales provenientes de la naturaleza, ya no pueden ser aplicadas de la manera expuesta por Él. La Tierra no pueda dar los alimentos como lo hacía cuando fue dada esta manifestación. ¿Cuál va a ser el alimento del futuro? Los huertos propios volverán a ganar importancia.

No obstante, el mundo del materialismo y de los afanes egoístas perecerá –así ha sido manifestado, y así sucederá. Se está preparando un cambio mundial de dimensiones hasta ahora desconocidas. De las cenizas del ego humano y de la marea de energía negativa, que el ser humano ha creado por su menosprecio de los Mandamientos de Dios, está creciendo una era de orientación espiritual, una nueva humanidad que cumple los Mandamientos de los Cielos. Después del caos y la destrucción, que son los efectos a las causas sentadas por la humanidad durante milenios, sobre la Tierra purificada está surgiendo el Reino de Paz de Jesucristo en todo el mundo.

Lo que ha sido construido en el Espíritu de Dios, en el seguimiento del Nazareno, en el cumplimiento de las leyes de Dios, o sea lo que surgió por voluntad de Dios, tendrá también significado en el próximo tiempo de luz. Esto también es válido para la presente gran manifestación de Cristo del año 1986.

Sobre la nueva y luminosa Tierra volverá a ser como fue originalmente. La naturaleza estará sana y así también los cuerpos naturales, los seres humanos. Entonces se manifestará la plenitud, con la que Dios –a través de la naturaleza–, cuida de nosotros, Sus hijos en vestido terrenal. Este libro será entonces una obra histórica.

Editorial Gabriele-La Palabra

¡Os saludo en el nombre de Dios, queridos hermanos y hermanas!

En el Espíritu del Señor somos todos hermanos y hermanas. Como me manifiesto desde el Espíritu del Señor, también denomino a todos los seres humanos mis hermanos y hermanas, no importa cual sea su credo.

Mi nombre es hermano Emanuel; así se me llama en la Tierra en la Obra del Señor, Vida Universal. Mi entidad es un guardián de la Ley ante el trono de Dios, el querubín de la Sabiduría divina.

La siguiente manifestación «Origen y formación de las enfermedades», es la palabra de Cristo para todos los seres humanos. Su palabra fluye a través de Su instrumento, a quien Él denomina Su profeta. La palabra de Dios es el Yo Soy, pues Dios, la Vida, el Yo Soy, lo es todo en todo.

La manifestación del Señor da una visión sobre el proceso de la Caída y profundos conocimientos sobre la ley de Siembra y cosecha. Tanto la Ley eterna como la ley causal reflejan la justicia de Dios. Debido a que todo es irradiación, la Ley eterna y la ley causal se basan en irradiación cósmica. Por eso es imposible expresar con palabras lo que refleja la irradiación más sutil. Las palabras son símbolos o conceptos. El que desee formarse una idea más profunda de las palabras, es decir, el que quiera captar su sentido, tiene que analizarlas, captarlas según su sentido, pues ellas son solo símbolos y conceptos.

Cristo, el Redentor de todos los seres humanos y almas, expone en Su manifestación «Origen y formación de las enfermedades» cómo y por qué el hombre creó y crea causas, cómo estas tuvieron y tienen efecto, lo que ha resultado de ellas y lo que está aún por resultar.

Cristo, el inspirador de esta manifestación «Origen y formación de las enfermedades», repite algunas veces conocimientos que son de importancia, enfocando Sus explicaciones una y otra vez desde diferentes puntos de vista, para que el lector pueda comprender el sentido, pues son muchas las causas y las consecuencias que conducen a preocupaciones, necesidades, enfermedades y sufrimientos. Que cada persona tenga comprensión por estas explicaciones. Todo lector capta una legitimidad al leer el texto por primera vez. Pero si esta legitimidad es repetida y considerada desde varios puntos de vista, puede penetrar más profundamente en el lector, ser captada en su hondo significado y también realizada.

Esta manifestación ha de incitar a toda la humanidad a que reflexione, y a cada uno a que recapacite, para que tome su vida en serio, tanto en pensamientos como en palabras, y también en su forma de actuar.

¡Que muchos hermanos y hermanas despierten, reconozcan y cumplan las leyes para que se haga la luz en este mundo!

¡Paz a todos los seres humanos y seres!
Hermano Emanuel,
el querubín de la Sabiduría divina

Dios es Espíritu en Mí, el Cristo, el Redentor de la humanidad, quien es la palabra, esta manifestación.

Del Espíritu del Padre eterno se formaron los Cielos puros, los seres espirituales y los reinos naturales espirituales.

Dios creó el Cielo. La Tierra y todos los soles y mundos parcial y totalmente materiales proceden de la Caída.

Las formas condensadas son espíritu condensado.

Dios permitió la condensación del Espíritu puro por amor a Sus hijos caídos, para brindar a los rebeldes un techo, alimento y todo lo que el cuerpo humano, la casa del alma, necesita. Por eso se dice que Dios creó el Cielo y esta Tierra.

El cuerpo espiritual, llamado «alma» en su forma cargada, viene de los Cielos eternos, de la Ley, Dios. Él posee todas las sustancias espirituales del infinito y por eso es un microcosmos en el macrocosmos, un ser de la eternidad. Él existe entonces también de eternidad a eternidad, es decir, es imperecedero.

El cuerpo terrenal, el ser humano, la casa del alma, es de la Tierra y posee también solo las sustancias de esta Tierra. Por esta razón, él, como la Tierra, es de subsistencia limitada. La materia es densa, y en sus formas relativa y perecedera.

El cuerpo terrenal, la envoltura material, el ser humano, la casa del alma, puede vivir solo por el Espíritu eterno, Dios. El Espíritu, Dios, es la vida en todas las formas de existencia sutil y condensada.

Sin el Espíritu, Dios, la Vida, no puede existir ninguna forma. La vida se manifiesta de múltiples maneras, tanto en los seres de los Cielos como también en almas y seres humanos, en los reinos mineral, vegetal y animal.

Toda vida es la manifestación de Dios.

El Espíritu, Dios, es llamado también Energía primaria, pues Dios ha existido eternamente. Su acción es ilimitada. El Espíritu, Dios, es omnipresente –no comprehensible y eternamente creador.

Los seres y formas espirituales puros son manifestaciones del Espíritu eterno. Las formas materiales son sustentadas por Él

El Espíritu creador, Dios, la Energía primaria, creó y crea las formas espirituales, que también son denominadas formas de existencia puras.

Los Cielos, con sus seres puros y sus formas espirituales, son la manifestación del Eterno. Todas las formas materiales son sustentadas por el Espíritu eterno, por la corriente etérea divina.

Todas las formas espirituales poseen el núcleo o germen divino totalmente desarrollado. Ambos son «puntos de conexión» para la corriente divina fluente, la energía divina, llamada también corriente etérea.

El germen divino parcialmente desarrollado de los minerales, plantas y animales celestiales, evoluciona hasta llegar a ser el perfecto núcleo divino, que en los seres puros está totalmente desarrollado y activo.

El ser espiritual puro es entonces como forma espiritual la Ley Absoluta misma.

El alma es igualmente una formación espiritual pura, solo rodeada de envolturas que reflejan las cargas que fueron acogidas y registradas por las partículas del cuerpo espiritual. Cuando el alma se ha desprendido de sus vestidos, las envolturas, sus cargas, se convierte nuevamente en un ser espiritual puro, en la Ley eterna comprimida. Regresa a la casa del Padre. También en el estado de la encarnación, el cuerpo espiritual es llamado alma.

Por consiguiente, el ser humano consta de una unidad triple: de Espíritu, llamado también Energía primaria, del alma y del cuerpo condensado. Esta unidad triple es la que se denomina ser humano.

El cuerpo espiritual, estando cargado, está envuelto de siete envolturas etéreas básicas. Ellas reflejan las cargas del alma y determinan y marcan al ser humano. Debido a que cada envoltura básica se refleja en cada una de las otras, resultan siete por siete espectros del alma.

Cada carga tiene su color y su sonido en la orquesta de lo satánico.

Las cargas, los colores y sonidos, determinan y marcan entonces el cuerpo físico. De este modo el ser humano es la expresión, la irradiación del alma. Su sonido y melodía corresponden a su estado de consciencia, a su carga.

El SER, la existencia pura, los Cielos eternos, constan, como todo en el infinito, de átomos espirituales. La materia consta de átomos y moléculas materiales. Todo lo que existe, –tanto lo espiritual puro como lo parcialmente material, lo material y los ámbitos de purificación–, es animado, es decir, sustentado con fuerza vital por el Espíritu eterno, la Energía primaria, a través del núcleo de los átomos espirituales y materiales. De esta manera todas las formas de vida se mantienen unidas.

El antiguo ser espiritual, revestido como alma por la envoltura «ser humano», degeneró primero sus finas vibraciones etéreas anteriores por el deseo de querer ser como Dios. En la envoltura y condensación progresiva, hasta llegar al estado del ser humano, el ser espiritual envuelto, y luego también el ser humano, degeneró cada vez más las fuerzas divinas, faltando constantemente a la ley con su forma de sentir, pensar, hablar y actuar. Las finas corrientes etéreas fueron cada vez más burdas, y por último se condensaron, transformándose en formas materiales. Así se formó la materia en el curso de millones de millones de años.

Cuando el Eterno, denominado también Espíritu universal, vivificó el universo y creó los soles, mundos y seres espirituales puros, regaló a Sus hijos, los seres espirituales, Su herencia como esencia. Esto significa que todo ser espiritual de los Cielos es la Ley, y con esto tiene como esencia el infinito en sí, en su estructura espiritual atómica.

Por esta razón los seres espirituales permanecen en la consciencia de la unidad, en Dios. Ellos sienten y actúan por obra y gracia de la Ley de Dios. Lo que sienten es la sensación primaria de Dios. Lo que hacen es la obra de Dios.

De este modo están en constante unidad con Dios. Dios vive a través de ellos y ellos viven en la Ley, Dios. Por esto ellos son la imagen fiel del Padre, la expresión de Dios.

Los iguales se atraen; los que son diferentes se rechazan: Los seres de la Caída se separaron por sí mismos de la consciencia de la unidad. Partes de los planetas espirituales se desprendieron

A raíz de los sucesos de la Caída, muchos seres espirituales se separaron de la consciencia de la unidad, porque querían ser como Dios, Espíritu omnipresente.

El suceso de la Caída fue tomando dimensiones y consecuencias mucho más grandes de las que los primeros hijos caídos pudieron imaginar:

Por la acción de los seres espirituales rebeldes, que crearon disonancias que los contaminaron a ellos mismos, fueron también afectados, es decir, contaminados sectores de planetas espirituales en los que estos seres tenían sus viviendas celestiales. Algunos trozos de astros espirituales cambiaron sus frecuencias y comenzaron a tambalearse. Las turbulencias provocaron que estos fragmentos de los planetas espirituales se desprendieran y que fueran lanzados al espacio para situarse en zonas menos luminosas.

La Ley eterna rige tanto en el Cielo como en la Tierra. Quien se separa de la Unidad universal, de la vida primaria que es el amor, cae en estados turbulentos, en un ritmo desarmonioso, y no puede permanecer unido al ritmo divino, a la armonía universal.

Los seres espirituales que se rebelaron en contra del principio primario, transformándose en seres caídos, ya no podían permanecer en la parte armoniosamente equilibrada del planeta espiritual, que seguía siendo irradiada por la Ley eterna. Como los seres caídos se cubrieron con su propia sensación contraria a la Ley divina, ya no fueron atraídos por los sectores de los planetas espirituales que vivían la Ley divina. La Ley eterna dice: Lo igual atrae a lo igual. Lo desigual se rechaza.

Por medio de la voluntad de Dios, representada por un príncipe de la Ley, los seres caídos fueron conducidos fuera de los Cielos puros, hacia allí donde entretanto se habían reunido los trozos de los planetas que se habían desprendido. Los fragmentos planetarios atrajeron entonces a aquellos seres espirituales que correspondían a su frecuencia. Las transformaciones de la luminosidad que siguieron, que condujeron a más condensación y a una caída más profunda, dieron forma a los niveles de preparación, los mundos parcialmente materiales, las esferas de purificación y la materia densa.

En la existencia pura no hay sombras.
Todas las formas puras brillan por sí mismas.
«Germen divino» y «núcleo divino», los puntos de conexión en los átomos espirituales

Dios es amor y vida perfecta.

La Creación perfecta es energía espiritual que ha tomado forma.

Las formas espirituales perfectas –los seres espirituales, animales, plantas, minerales, soles y mundos de los Cielos– son formas sutiles puras y son irradiadas por la Luz primaria a través de los soles prismáticos, que son la manifestación de las cualidades y virtudes de Dios. Ellos descansan en la corriente eterna que lo traspasa todo, en la Ley, el Espíritu, Dios.

Por esto en la existencia perfecta no hay sombras. Todo es luz. Todas las formas puras resplandecen por sí mismas. Esto sucede de la siguiente manera:

En cada átomo espiritual se encuentra un punto de conexión, un «germen divino», a través del cual fluye a las formas espirituales la fuerza universal, el Espíritu de Dios. Este centro de conexión, el «germen divino», se va transformando paulatinamente en «núcleo divino».

El «germen divino» corresponde al estado de evolución de una forma espiritual. El «núcleo divino» es un centro de conexión perfecto. Él está solamente en los átomos espirituales de los seres espirituales puros. Todos los otros centros de conexión, es decir «gérmenes divinos» reflejan a Dios, la corriente fluente, solo en la medida en que la forma espiritual esté desarrollada. A través de los puntos de conexión, el «germen divino» o el «núcleo divino» en los átomos espirituales, toda forma comienza a resplandecer por sí misma, de acuerdo con su desarrollo.

El Sol Central Primario, el astro supremo del Padre eterno, a través de los soles de las cualidades y virtudes, que son llamados también soles prismáticos o segundos soles primarios, irradia a los «gérmenes divinos» de los átomos espirituales en los reinos celestiales mineral, vegetal y animal, o al «núcleo divino» de los seres espirituales. El «germen divino» y «el núcleo divino» empiezan entonces a ser activos e irradian aquello que está desarrollado en ellos: el «germen divino» el estado actual de evolución de la forma, y el «núcleo divino» la mentalidad del ser espiritual.

Cada irradiación es también forma y sonido.

Todo junto constituye entonces la sinfonía perfecta, Dios, llamada también orquesta divina o música de las esferas celestiales.

Debido a que todo resplandece de adentro hacia afuera, no hay sombras.

Todo lo que está fuera de la Ley divina, lo inferior, tiene que desarrollarse para volver a la armonía universal, a Dios

Los reinos de la Caída –las esferas de preparación y las de purificación para las almas desencarnadas y para la materia– se formaron a través de los acontecimientos de la Caída, porque partes de los planetas espirituales fueron alterados en su ritmo y sonido por el comportamiento erróneo de seres espirituales. La envoltura y la condensación progresiva de estos planetas parciales fue la consecuencia de faltas cada vez más grandes de los seres espirituales en contra de la Ley divina en su forma de sentir, pensar y actuar. Las envolturas, las densidades de estos planetas parciales, son pensamientos que tomaron forma.

Todo lo que está fuera de la Ley divina, lo inferior, tiene que volver a evolucionar hasta regresar a lo más elevado y puro, desde la vibración mental del ego a la armonía universal, Dios. La evolución del alma hacia Dios, la armonía universal, se realiza a través de Mí, Cristo, el Redentor de todos los seres humanos y almas. La transformación de los planetas parciales se produce a través de la fuerza primaria, del «Hágase».

En esta manifestación doy una visión de cómo se produjo la Caída, cómo fueron creadas las primeras causas que luego trajeron otras causas y efectos; pues de allí nacieron el sufrimiento, las necesidades y las enfermedades.

Pero al mismo tiempo doy una breve visión de las leyes eternas de Mi Padre; y muestro –a menudo por medio de repeticiones– cómo el ser humano puede evitar causas, o repararlas a tiempo, antes de que lleguen a tener efecto: Yo enseño cómo a raíz del comportamiento de cada uno, las causas pueden ser aliviadas o eliminadas.

La energía primaria, Dios –el principio Padre-Madre–. Las siete fuerzas básicas de Dios

Ahora comienzo con la breve exposición de cómo se llegó al primer pensamiento de la Caída: de querer ser como Dios.

Antes de que el Espíritu, Dios, vivificara el infinito con formas luminosas espirituales, con seres, animales, plantas y minerales espirituales, resplandecía en el infinito Su Luz primaria sagrada, el Espíritu. En tanto estas energías espirituales hechas forma, los planetas celestiales, los seres espirituales, los animales, plantas y minerales aún no existían, la energía primaria, la luz, Dios, se movía muy poco. Solo resplandecía.

En un ciclo previsto en la energía primaria misma, la Luz primaria, la energía primaria empezó a moverse cada vez con más intensidad. El movimiento indica que algo quiere formarse. La Luz primaria se activó más en los aspectos creativos, que son las cuatro cualidades de Dios: la Luz primaria se quería dar forma a sí misma.

La parte activa de la energía creadora actuó con más fuerza en la energía de aún escasa actividad. Así se produjo paulatinamente una acción recíproca creciente, de la que nacieron otras energías.

De los átomos espirituales ya existentes se formaron otros átomos espirituales. De esta forma la energía se multiplicó.

Esto significa que primero se activaron las cuatro entidades de Dios; estas estimularon entonces a las tres cualidades de Dios a una mayor actividad.

Cuando las siete fuerzas fundamentales estuvieron en actividad, la sustancia primaria se ocupó de la transformación de la energía. Hasta ahora ella consistía en una mitad de fuerza positiva y en otra mitad de fuerza negativa. La transformación condujo a la formación de dos tercios de fuerza positiva y un tercio de fuerza negativa. De allí resultó el principio Padre-Madre y con ello la energía creadora y sustentadora.

El proceso de transformación estaba determinado en las dos partes primarias iguales con una mitad de fuerza positiva y una mitad de fuerza negativa, pues también en estos portadores cósmicos de energía estaba contenida toda la Creación como movimiento, dinamismo, actividad y evolución. Por consiguiente, la transformación tuvo que ser en dos tercios de fuerza positiva y en un tercio de fuerza negativa, para alcanzar un movimiento dinámico que determinara el ritmo del infinito e hiciera fluir hacia él las fuerzas formadoras y creadoras.

Repito: la transformación de las fuerzas fue necesaria como fuerza motriz para la Creación, con su movimiento, actividad y evolución del universo, porque entre polos de igual vibración casi no se produce movimiento.

El Espíritu Padre-Madre es el principio que da y recibe a la vez. Los dos tercios de fuerza positiva, la parte paterna, son el principio donante. El tercio de fuerza negativa, la parte materna, el principio receptor. La acción recíproca de estas fuerzas produce la corriente del amor. Esta corriente del amor se fortaleció en las fuerzas primarias y comenzó, primero en sí misma, a preparar la formación y organización de la Creación.

Las siete fuerzas básicas de Dios se denominan también como se explica a continuación: Las cuatro primeras fuerzas son las entidades de Dios, las fuerzas creadoras. Las otras tres fuerzas son las tres cualidades de Dios; son las fuerzas de filiación, que –en los reinos celestiales de los minerales, plantas y animales– elevan a la calidad de hijos de Dios a los seres naturales evolucionados y formados.

El infinito está en constante expansión y evolución

Todo el infinito en sí es un perpetuum mobile en potencia: El Sol Central Primario, que consta de dos tercios de fuerza primaria positiva y un tercio de fuerza primaria negativa, derrama sus energías en el universo a través de los siete soles prismáticos. Allí, las fuerzas primarias son absorbidas por seres espirituales, por los minerales, plantas, animales, seres naturales y astros espirituales.

La fuerza primaria es armonía y movimiento constante. Todo lo que puede traspasar permanece en armonía. Así todo lo perfecto está en permanente consonancia y movimiento.

Debido a que cada movimiento produce por su parte energía, a la masa primaria fluye más energía de la que esta da. Esto conduce a que se intensifique la acción recíproca entre la fuerza positiva y negativa en el Sol Central Primario. Esto se debe a que del infinito fluyen las siete por siete fuerzas y se vuelven a reunir en el Sol

Central Primario, convirtiéndose en una corriente, la fuerza universal. Esta fluye entonces en los siete soles prismáticos, en los soles de las cualidades y virtudes; por medio de estos es descompuesta en las luces espectrales del infinito y fluye otra vez hacia el universo. Así, todos los astros, los seres espirituales, reinos de la naturaleza, almas y seres humanos están constantemente en movimiento. Después de un ciclo determinado, una parte de la energía es absorbida nuevamente por el Sol Central Primario, es potenciada y fluye una vez más a través de los soles prismáticos como una corriente, la fuerza universal, hacia todo el infinito. De esta manera, las esferas de purificación, los mundos parcial y totalmente materiales, reciben también el Espíritu Santo, la fuerza primaria, de acuerdo con su desarrollo espiritual, con su potencial espiritual existente.

Nacimiento de la Creación perfecta con las formas de existencia puras, después de algunas creaciones previas

El principio divino donante y receptor es el perpetuum mobile que se potencia. Por eso el infinito también está en un proceso constante de expansión y evolución.

Al comienzo de la Creación todo esto se producía en un margen pequeño. Por medio de la inspiración y espiración constantes de la energía primaria, el Espíritu provocaba y provoca la expansión permanente del infinito y la evolución de las formas de existencia. Así nació la Creación perfecta de los mundos celestiales.

La energía primaria se multiplicó por el movimiento más acentuado de los dos polos iguales en el Sol Central Primario y por la transformación de la energía en dos tercios de fuerza positiva y uno de fuerza negativa. El Espíritu universal hizo fluir una y otra vez al universo una parte de la energía primaria y comenzó a «modelar» con este Éter de luz. Fueron necesarias algunas creaciones previas hasta que el «modelo» estuvo totalmente desarrollado y el Espíritu universal, que acto seguido fue también Dios-Padre-Madre, le pudo conceder plena vida a Su modelo.

Debido a la pulsación expansiva cada vez más intensa de la fuerza primaria hacia el universo, en este se produjeron movimientos en forma de turbulencias. Del Sol Central Primario, de la Luz primaria, fluye la luz etérea, la masa espiritual que da la forma a todo. El Espíritu universal tomó una parte del Éter de luz para modelar, otra parte fluyó como fuerza de la que se toma para crear y dar forma. Esta fuerza de donde tomar y de dar forma no es una fuerza omnipresente, sino que es una energía para dar forma espiritual.

A través de la actividad reforzada de las dos partes primarias iguales, se produjo un potencial de energía cada vez más elevado. Durante las creaciones previas, en las que el Espíritu fue ordenando todo en el Éter de luz, con armonía y en consonancia, se produjo la transformación en dos tercios de fuerza positiva y un tercio de fuerza negativa. Al mismo tiempo, el Espíritu universal –la inteligencia, la energía primaria– hizo fluir conscientemente hacia el universo una parte de la energía primaria negativa como éter luminoso que da forma. En este éter que da forma se encontraba ahora una parte de la intensidad luminosa más elevada de la fuerza primaria negativa. Esta parte de fuerza negativa omnipresente dio lugar a la Caída.

Los seres espirituales reconocieron al único Principio primario omnipresente, al Dios-Padre-Madre, y así se convirtieron en Sus hijos y en Su imagen y semejanza

Todo ser espiritual creado y engendrado recibió en la Creación perfecta una cantidad de esta fuerza primaria negativa omnipresente. Los primeros seres espirituales creados y engendrados recibieron más que los seres engendrados posteriormente, pues los primeros seres espirituales tuvieron y tienen la fuerza de irradiación más grande.

Los primeros seres espirituales aceptaron la fuerza negativa omnipresente. Así se convirtieron en espíritu de Su Espíritu. Sin embargo, de ellos dependía el acoger en sí mismos esta cantidad de fuerza negativa omnipresente y transformarla voluntariamente en energía de donde tomar y dar forma, aportándose activamente a la corriente primaria como hijos de Dios. De este modo renunciaron voluntariamente al derecho de omnipresencia y reconocieron la omnipresencia única del Dios-Padre-Madre, del Creador del infinito que los había contemplado, creado y también en el engendramiento espiritual los había conducido a la perfección. Así los seres espirituales aceptaron la filiación divina y activaron en sí la paciencia, el amor y la misericordia, que son las cualidades de la filiación. Al mismo tiempo reconocieron a la Energía primaria, al Dios-Padre-Madre, como al único Principio primario omnipresente.

Así nació la relación Padre e hijo. En forma

y aspecto se transformaron en imagen y semejanza del Padre. No obstante, con su potencial de luz no fueron ni son omnipresentes, sino que solo poseen la consciencia universal. Esto significa que con su consciencia pueden verlo y captarlo todo y moverse en cualquier dirección. Es decir, son libres en todo el infinito.

Como ya manifesté brevemente, el principio Padre-Madre se formó a través de varias creaciones previas, que fueron pasos preliminares hasta llegar a la Creación perfecta. El Éter de luz, la energía fluente, tuvo que ir lentamente tomando sitio en la energía que había tomado forma. Esto sucedió a través de las creaciones previas.

La transformación de la fuerza primaria, mitad positiva y mitad negativa, en dos tercios de fuerza positiva y un tercio de fuerza negativa, se llevó a cabo en ciclos de eones. En este tiempo el Espíritu universal espiraba una y otra vez, modelaba el Éter de luz y lo volvía a inspirar, hasta que la Creación estuvo consumada y se asemejó a la armonía primaria, a lo contemplado por el Espíritu universal.

A través del «tejer y entrelazar» del Dios-Padre-Madre, debido a la transformación de una parte de fuerza primaria negativa, –que condujo a movimientos inimaginables causados por el éter que fluía dentro y fuera de la Luz primaria–, se formó también la polaridad. Ella nació del principio Padre-Madre, del donante y receptor. El Padre, los dos tercios de fuerza positiva, es el principio donante. La Madre, el tercio de fuerza negativa, es el principio receptor. Por este motivo, el Dios-Padre-Madre está en la energía única, la energía primaria, en la fuerza omnipresente.

A los seres indecisos el Espíritu universal les dejó durante eones el libre albedrío para que se decidieran

Los seres creados por Dios y los primeros engendramientos tenían que actuar voluntariamente como hijos del Dios-Padre-Madre, para llegar a ser imágenes fieles del Padre, siendo libres e independientes, pero no omnipresentes.

Las primeras intensidades de luz más elevadas, los primeros hijos creados y engendrados –exceptuando a una minoría– aceptaron ser seres de lo absoluto, pero no omnipresentes. A todos aquellos seres que no quisieron aún dar este paso hacia la filiación, el Espíritu universal, el Dios-Padre-Madre, los acogió en Su corriente del amor, pero no todavía como herederos del infinito. Él les dejó la libertad y eones de tiempo para decidirse.

No obstante, a todos aquellos que Lo aceptaron y Lo acogieron como el único principio Padre-Madre omnipresente, les concedió conscientemente el libre albedrío y los designó herederos del infinito. También a los seres aún indecisos les dejó durante eones el libre albedrío para que se decidieran, pero no todavía la herencia de ser hijos conscientes del infinito.

A pesar de la indecisión de algunos seres, la Creación siempre creciente se pobló con seres de luz por medio de la procreación espiritual. Cada ser tenía en sí una cantidad de energía omnipresente, que él tenía que transformar voluntariamente, aportándose activamente como hijo en la corriente primaria. En eso consistía el reconocimiento y la aceptación del Espíritu-Padre-Madre como unidad y única fuerza omnipresente. Una gran parte de los seres espirituales del principio masculino y femenino aceptó la filiación y la polaridad. En los seres espirituales aún indecisos permaneció latente en su mayor parte la cantidad de fuerza negativa omnipresente.

El Dios-Padre-Madre acogió en filiación a todos los hijos creados y engendrados, pero en las siete fuerzas fundamentales incorporó solo a aquellos que habían aportado la cantidad de fuerza primaria negativa omnipresente a las fuerzas de filiación de la Paciencia, del Amor y de la Misericordia. Así llegaron estos a ser libres en su albedrío y pudieron denominar como su propiedad toda la energía cósmica y utilizarla de acuerdo con las leyes divinas.

La manifestación de la fuerza primaria omnipresente, el Padre primario o Dios-Padre. Su dual espiritual, el principio femenino más elevado

También ya en las creaciones previas el Espíritu universal se dio forma. De una parte del Éter de luz surgieron –en la creación previa– el bosquejo de la forma del Padre y el bosquejo de la forma de la Madre. En las creaciones previas existían entonces solo los bosquejos de la forma del Padre y de la Madre, es decir, dos figuras espirituales aún no completamente modeladas.

En las creaciones previas, los reinos espirituales animal y vegetal tampoco eran formas totalmente consumadas. Debido a que el Espíritu universal inspiraba una y otra vez los modelos previos, los bosquejos, las formas aún imperfectas, hasta que llegaran a ser absolutas, también volvió a la energía primaria omnipresente el bosquejo de la forma de la Madre.

Pero en la Creación absoluta, la fuerza primaria omnipresente era y es el principio Padre-Madre en uno.

La manifestación, el Padre celestial eterno, el Padre primario, es el Padre de todos los hijos. De este modo, Él es el único ser que en su irradiación se une con la ley omnipresente y al mismo tiempo une los dos polos Padre-Madre en la Ley eterna omnipresente. El Padre eterno es llamado Padre originario, porque reúne y representa en un ser, en el Padre primario, las fuerzas primarias, el principio Padre-Madre.

Junto al Padre primario no está la Madre primaria como ser, la que igualmente representa al negativo omnipresente, es decir, la parte materna. Junto al Padre primario, que porta igualmente en sí e irradia la fuerza primaria negativa omnipresente, el espíritu materno, está Su dual. Su dual no lleva en sí la fuerza omnipresente, y en las fuerzas fundamentales del Espíritu, Paciencia, Amor y Misericordia es hija, porque las tres virtudes de la filiación determinan a los hijos de Dios como seres espirituales.

La mentalidad, la polaridad y la dualidad, las fuerzas de donde tomar, crear y engendrar que poseen la misma vibración

En la Creación existe la mentalidad, la polaridad y la dualidad. Las fuerzas de igual vibración se atraen mutuamente. Tanto la polaridad como también la mentalidad y dualidad son fuerzas que atraen a energías de igual vibración, que luego se unen y actúan juntas, según sea su tipo de vibración, sean polaridad, mentalidad o dualidad. De la dualidad nace el potencial de fuerzas espirituales para otros hijos celestiales. Los duales, el principio positivo y el negativo, engendran juntos niños espirituales y son para ellos el aspecto paterno y materno. Pero sobre todo está el Padre primario, la manifestación que en la energía de la ley omnipresente, en la fuerza primaria, personifica al principio Padre-Madre.

La manifestación del Padre primario también tomó a un dual que estaba a la misma altura de todos los seres espirituales femeninos, con excepción de la cantidad de fuerza primaria negativa omnipresente, de la cual el Padre primario le dio más que a todos Sus otros hijos espirituales, porque tenía que igualarse a Él en Su vibración e irradiación; pues un potencial de fuerza atrae a un potencial de igual fuerza. Dios-Padre, la manifestación de la fuerza primaria, esto es, el Padre primario, tiene por lo tanto el potencial de luz más alto de todo el infinito, más que todos Sus hijos, no importa sean principios masculinos o femeninos.

El dual espiritual del Padre primario no tuvo ninguna ventaja en relación con todos los demás seres espirituales. El dual del Eterno, del Padre primario, también tenía que transformar la parte de fuerza primaria negativa omnipresente que había recibido, es decir, aportarla para poder mostrarse como hijo entre los hijos de Dios en las tres virtudes Paciencia, Amor y Misericordia.

Resumen breve

Yo, Cristo, el Redentor, repito una vez más para mejor comprensión:

El Padre primario inspiró entonces al primer principio femenino creado una cantidad mayor de fuerza primaria negativa omnipresente que a todos los otros seres espirituales, también mayor que la que recibieron los primeros que fueron engendrados en la evolución posterior de la Creación. El primer ángel femenino recibió por ello más fuerza primaria negativa omnipresente, para que así se ajustara a la fuerza potenciada del Padre primario.

Con esto se evidencia el principio espiritual que dice: Las cosas iguales se atraen. Los seres espirituales que tienen características iguales o semejantes, que, por ejemplo, en la fuerza básica de la Voluntad tienen aspectos, es decir, cualidades de igual vibración, –o sea, que poseen energía de igual potencia de la fuerza básica de la Voluntad, y así entonces se complementan–, desarrollarán juntos tareas espirituales en beneficio de la totalidad. Esa es la polaridad y la mentalidad, la atracción y comunicación de fuerzas iguales.

Si de las fuerzas de igual vibración de la polaridad y de la mentalidad resulta una dualidad, entonces el principio masculino y el femenino actúan juntos con más intensidad, pero en unidad con todos los seres.

El primer ángel femenino creado aceptó los dones de filiación, la cantidad de fuerza primaria negativa omnipresente, pero no los incorporó a sí mismo, debido a que no los aportó a la fuerza universal fluente, al Espíritu-Padre-Madre. No pudo soportar el no poder representar la parte materna omnipresente como omnipresencia.

Quien en el proceso de la Creación aportó como ser su parte de fuerza primaria negativa omnipresente a la corriente Padre-Madre, recibió para toda la eternidad en todo el infinito el libre albedrío absoluto. A él todo le es consciente. Gracias a la consciencia universal, el ser espiritual se puede mover en todas las regiones del infinito. No está excluido de ninguna posibilidad legítima, porque por haber aportado la fuerza primaria negativa omnipresente se ha transformado en la ley misma.

El principio de donde tomar, crear y engendrar contiene el libre albedrío. En el transcurso de la eternidad en eones, Dios dio a los Suyos la posibilidad de aportar la parte de fuerza primaria negativa a la corriente omnipresente. A pesar de que el primer principio femenino aún no había aportado a la corriente omnipresente su fragmento de fuerza primaria negativa, el Padre primario tomó como dual a la primera y, en su irradiación, la más hermosa criatura femenina, para demostrar lo que se manifiesta en la Creación en todas las cualidades y formas: la mentalidad, la polaridad y la dualidad, las fuerzas igualmente vibrantes de donde tomar, crear y engendrar.

A aquel que es la ley le es posible todo. Tiene la libertad de movimiento en todo el infinito. El ser espiritual ve en sí las esferas celestiales con sus astros, seres y reinos naturales, y puede permanecer en una esfera en sí mismo, o llegar allí con una rapidez que no puede ser descrita con palabras humanas.

Dios transfirió una parte de Su fuerza primaria positiva a Su primer Hijo visualizado y le hizo Corregente. El dual espiritual de Dios se sintió desplazado

Cuando Dios-Padre transfirió una parte de la fuerza primaria positiva omnipresente a Su primer Hijo visualizado, en parte concebido y engendrado, y lo designó Corregente de los Cielos de acuerdo con la Ley eterna, en el primer principio femenino empezó a activarse el contingente en parte latente de fuerza primaria negativa omnipresente.

El dual espiritual del Padre primario quería también ser como Dios, omnipresente en la energía fluente, así como el primer Hijo es omnipresente en las cuatro cualidades de Dios.

El primer principio femenino fue reconociendo cada vez más que como criatura, hija y dual estaba al mismo nivel que todos los hijos, hijas y duales femeninos, con la única excepción de que la intensidad de su luz era superior a la de todos los demás principios femeninos.

En el ser femenino más elevado fue madurando más y más la sensación negativa de querer ser como Dios. No quería aportar el contingente de fuerza primaria negativa omnipresente, pues en la parte de fuerza primaria negativa omnipresente veía la posibilidad de volver a ser omnipresente en la corriente divina omnipresente. Como principio femenino quería ser igual que el primer Hijo visualizado, que el Corregente. El ángel femenino se sintió entonces desplazado, pues su antiguo potencial de fuerza ahora manifestado, y que una vez fuera parte de la fuerza primaria omnipresente, lo tendría que transformar en filiación y dualidad, y ya no sería más omnipresente.

El ángel femenino más elevado se rebeló en contra de la Ley Absoluta y se granjeó las simpatías de otros seres espirituales. Rechazó la dualidad en la relación de filiación

La decepción de no poder estar más en la omnipresencia y de no ser acogido en ella a pesar de sus esfuerzos insistentes, hizo madurar en el ángel femenino más elevado el pensamiento de la Caída. Se rebeló en contra de la Ley Absoluta. Cegado por el deseo de ser omnipresente con su herencia parcial, trató de conquistar para sus propósitos a muchos seres espirituales, tanto masculinos como femeninos. El principio femenino más elevado agitó en muchos seres espirituales de los Cielos la parte de fuerza primaria negativa omnipresente, especialmente en aquellos que aún no se habían incorporado al estado de filiación o que lo habían hecho solo en parte. Pero también en algunos de los seres espirituales que ya habían aportado el contingente de fuerza primaria negativa a la corriente omnipresente, movió el pensamiento de la Caída. Aquellos seres que fueron subyugados y atraídos por el primer ángel femenino compartieron entonces su punto de vista y se unieron a él, al primer principio femenino.

Después de una larga vida en consonancia con las leyes divinas, en el periodo de misericordia de eones de duración, en el que tendría que haber aportado la fuerza primaria negativa, el primer principio femenino rechazó la dualidad en el principio de filiación porque quería ser como Dios, es decir, omnipresente, con la misma vibración en la fuerza positiva y negativa.

Con esta manifestación, partiendo de las fuerzas iniciales iguales de fuerza primaria, mitad positiva y mitad negativa, hasta la Creación de las formas eternas de existencia, Yo, el Espíritu de la verdad, he dado solo una breve visión para que el ser humano aprenda a comprender mejor la ley de Causa y efecto, de Siembra y cosecha, y aquel que busca la verdad aprenda y reconozca por qué se produjo la Caída y por qué el primer ángel femenino quiso llevar otra vez el contingente de fuerza primaria negativa omnipresente a la fuerza universal, de la que él había sido emitido, llegando a convertirse en energía formadora, creadora, proveedora, engendradora y también receptora.

Cristo impidió el propósito de los seres de la Caída

Si el primer principio femenino hubiese alcanzado su propósito de ser omnipresente como Dios, todas las formas espirituales se habrían disuelto, porque la parte de fuerza negativa que contiene la filiación habría fluido de vuelta a la fuerza primaria. La disolución de todas las formas espirituales habría establecido nuevamente el principio original de igualdad: mitad de fuerza positiva y mitad de fuerza negativa

En las doctrinas orientales existe en parte hoy todavía este pensamiento de igualdad (mitad de fuerza positiva y mitad de negativa), porque el acto definitivo de la Creación divina no se conoce en todos sus detalles. Por eso muchas personas, especialmente las de Oriente, no pueden aceptarme a Mí, Cristo, el Corregente, y con esto tampoco a la fuerza parcial de la fuerza primaria, Mi herencia divina, que es la redención de todas las almas. Por esta razón, especialmente en Oriente existe aún hoy la idea de la disolución de todas las formas.

La Caída, llamada también Caída de los ángeles, se produjo en este proceso de la Creación y es una turbulencia todavía existente. Se condensó tanto en su vibración que se transformó en la sustancia dura llamada materia.

Por medio de la fuerza parcial de la fuerza primaria, la fuerza de Cristo que Yo Soy, todas las almas alcanzan nuevamente la pureza y vuelven por ello otra vez a la unidad divina, dejándoles Dios el libre albedrío.

Gracias a la distribución de Mi herencia, que tiene efecto como destello en cada alma, se impidió la disolución de todas las formas. Yo, Cristo, el Redentor de todas las almas, estableceré nuevamente la unidad cósmica absoluta por medio de Mi herencia, la fuerza parcial de la fuerza primaria, de acuerdo con el eterno plan de la Creación.

La fuerza redentora protege y ayuda a las almas y a los seres humanos de buena voluntad en el camino de evolución de regreso a Dios

La fuerza parcial de la fuerza primaria, la fuerza de Cristo, está activa en la ley de Causa y efecto y actúa hasta que todas las almas hayan abandonado la rueda de la reencarnación. Los cuatro ámbitos de purificación forman la rueda de la reencarnación.

Por medio del cumplimiento de las leyes eternas empieza el camino de evolución del alma para salir de la ley de Siembra y cosecha.

Mi fuerza redentora actúa más intensamente en las almas encarnadas, en los seres humanos, que en las almas que se encuentran en los ámbitos de purificación. La misericordia que se derrama en el alma y en el ser humano, protege al mismo tiempo al alma dócil y al ser humano que se esfuerza en alcanzar la perfección. La protección por medio de Mi misericordia acrecentada es necesaria para aquel que quiere llegar a Dios, especialmente en el primer tiempo, cuando el que aspira a Dios empieza a dar los primeros pasos en el camino de evolución hacia Dios. Pues en la Tierra viven en relación estrecha personas de grados de consciencia muy diferentes, por lo que el peligro de cargarse mutuamente es muy grande. En márgenes de espacio muy reducidos viven personas que anhelan pureza y honestidad junto con personas que se entregan a los vicios, irradian agresiones e insultan a su prójimo si este no hace lo que ellas quieren.

La materia es la manifestación de formas de pensamientos negativos y, desde el punto de vista del Espíritu, es apariencia, o sea, es perecedera

En el curso de millones de años, la turbulencia irradiada por los seres de la Caída se fue condensando cada vez más. Las sensaciones y los pensamientos contrarios a la Ley divina, el deseo de poseer, de ser y tener se fueron y se siguen configurando en forma de irradiación densa, de materia.

La cristalización más intensa, la materia, no es otra cosa que la manifestación de formas de pensamientos. Ella se produjo por el mundo de sensaciones y pensamientos erróneos de los seres de la Caída, pero también de los seres espirituales que quisieron socorrer a sus hermanos y hermanas caídos y que luego se enredaron en la materia.

Considerada desde el punto de vista del Espíritu, la materia, la sustancia burda, es solo relativa y no realidad. Es apariencia y no existencia.

También los mundos parcialmente materiales y los ámbitos de purificación se formaron por el pensamiento de la Caída de querer ser como Dios, sin ser divino.

Dios es omnipresente y divino, es el ser espiritual que por su consciencia superior ve y experimenta en sí mismo todo lo que sucede y se produce en el infinito.

Cristo da esta manifestación para despertar a la vida a almas y seres humanos

Para que cada vez más almas y seres humanos se reconozcan a sí mismos y lleguen a saber y experimentar en su interior el origen de su vida, Me manifiesto Yo, Cristo, el Hijo del Padre eterno viviente, el Corregente de los Cielos, el Redentor de todas las almas y de todos los seres humanos. Para que las almas y los seres humanos aprendan a comprender y a aplicar correctamente las leyes del amor y de la vida, doy una visión cada vez más profunda de la Ley eternamente reinante, la vida.

También esta manifestación proveniente de Mi Espíritu tiene el objetivo de proporcionar nuevamente una visión de la vida del Espíritu y de ayudar a muchas almas y seres humanos a alcanzar la libertad interna y la vida en el Espíritu de Mi y su Padre. Las almas y los seres humanos tienen que tomar consciencia de la fuerza de las sensaciones, de los pensamientos, de las palabras y actos que constituyen su vida y que los pueden liberar, o bien oprimirlos con necesidades, miserias, preocupaciones y enfermedades, según como el alma sienta y la persona piense y actúe.

El ser humano es el que construye y conforma su propio destino. Sus sensaciones, pensamientos, palabras y obras son los elementos para una vida feliz o para una vida pasando necesidades, miseria, enfermedades y sufrimientos. Lo que se encuentra en su alma, ya sea luz o sombras, se manifestará en una de sus vidas terrenales.

Lo que Yo manifiesto debería ser reconocido y comprendido según su sentido, para que emerjan así las sabidurías profundas que dicen mucho más que las letras mismas. La palabra como tal dice poco. Las vibraciones que fluyen de Mí, el Espíritu eterno, en la palabra, permiten reconocer la profunda sabiduría, la verdad.

Lo que el ser humano puede captar y comprender de Mis palabras, que son vibraciones, despierta al alma y al ser humano a la vida en Mí, el Espíritu. La persona se torna receptora para la Verdad eterna, pues quien proviene de la verdad reconoce Mi voz.

Mis ovejas conocen Mi voz.

El universo pertenece a la unidad Dios,
y perdura porque la energía primaria
lo alienta y lo mantiene. Los seres espirituales
puros constan de la unidad doble: Espíritu
y cuerpo espiritual. El ser humano consta
de la unidad triple: Espíritu, alma y cuerpo

La pluralidad que el Todopoderoso contempló en su totalidad y creó de la unidad permanece, vive y actúa en la unidad, en la gran totalidad.

A esta pluralidad, que vive por la ley de la unidad y se reconoce en la totalidad y se sabe cobijada en ella, pertenecen todas las formas de vida: la eterna Creación pura con sus reinos naturales celestiales y con los seres celestiales puros, los seres espirituales, como también la materia parcial y total y las esferas de purificación con sus seres, almas y seres humanos. Todo pertenece a la unidad Dios.

Debido a la forma mental manifestada, a la envoltura material, al ser humano, nació la trinidad espíritu-alma-cuerpo. Esta trinidad existe solo allí donde se han encarnado almas parciales, esto es almas, o seres espirituales ensombrecidos, es decir, animales que poseen un alma parcial y seres humanos que en su totalidad poseen en sí un alma madura como portadora de la vida.

Lo que no está encarnado, lo que no vive en una envoltura material, no consta de la trinidad. Piedras y plantas no tienen alma. Ellas son vivificadas por medio de rayos de vida divinos. Las piedras y plantas son llamadas dúo. Constan del rayo divino, o de los rayos divinos, y de la envoltura, de la forma exterior.

Todos los cuerpos espirituales puros de los seres de los Cielos son dúos. Ellos son una unidad doble: Espíritu, es decir, energía divina fluente, y energía que ha tomado forma.

El desarrollo del cuerpo espiritual puro se produce por la compresión del éter y la potenciación de la forma espiritual, de la que resultó y resulta paulatinamente una estructura espiritual de partículas.

En los mundos de los Cielos, la compresión y potenciación empieza en el reino mineral y continúa en los reinos vegetal y animal, hasta que la forma equilibrada de un ser natural alcanza la condición de hijo de Dios: la forma espiritual pura, el cuerpo espiritual puro, llamado también cuerpo etéreo. En él está la fuerza primaria, la vida, la energía primaria que denominamos también energía de Dios.

Tanto el cuerpo espiritual como el ser humano no son capaces de vivir sin Dios, la Energía primaria. Igualmente, todas las formas materiales de vida como piedras, plantas, animales y seres humanos tampoco pueden existir sin la Energía primaria.

En el reino espiritual puro existe la unidad doble, el dúo: espíritu y cuerpo espiritual. El ser humano consta de la unidad triple, llamada también trinidad: el espíritu, o sea, la fuerza primaria, el alma y el cuerpo físico.

Todo el universo, lo visible y los universos invisibles, existe porque la energía primaria, Dios, lo alienta y lo mantiene. La Ley, el Amor, consta de las cuatro entidades y de las tres cualidades de Dios. Estas fuerzas básicas divinas son el principio que mantiene al universo, principio llamado también Energía primaria Dios o Espíritu Santo.

Todas las formas espirituales puras son la esencia de la energía primaria y poseen en sí todas las fuerzas del infinito. Todo es espíritu de Su Espíritu. El principio que mantiene eternamente, el Espíritu Santo, actúa a través de las formas creadas, a través del cuerpo etéreo y de todo ser.

El pensamiento de la Caída degeneró una parte de la energía primaria que había tomado forma, partes de planetas espirituales y con ellos los colectivos de las piedras, plantas y animales. La transformación de la energía superior en energía de baja vibración, en materia, provocó en el transcurso del tiempo, al que le siguieron otras ilegitimidades, la ley de Causa y efecto, la ley de Siembra y cosecha, llamada también ley causal.

Cuando lentamente se formó la envoltura del cuerpo espiritual, el ser humano, nació la trinidad: el Espíritu de Dios en el cuerpo etéreo, llamado ahora alma, y la envoltura, el ser humano: es decir, espíritu, alma y ser humano.

La envoltura del espíritu y del alma, el ser humano, es temporalmente limitada, y por esto perecedera. Todo lo que no es de estructura sutil pura a la larga no es perdurable.

Cada ser «ve» solo aquello que corresponde a su consciencia. Para el ser puro todo está abierto y claro. Ampliación de la consciencia. Percepciones en esferas más elevadas

Todo lo que existe se basa en energía, en radiación, en vibración. Los Cielos puros con los seres espirituales puros y los reinos espirituales mineral, vegetal y animal, la materia con sus formas y seres humanos, los ámbitos parcialmente materiales con sus seres y formas de vida parcialmente materiales, las esferas de purificación con sus almas: todo es vibración.

Los seres espirituales puros pueden ver todos los ámbitos, tanto los de los Cielos puros como los de los reinos de las almas y de la materia condensada. Todos los otros seres, como por ejemplo las almas en las esferas de purificación, pueden ver solo tanto como corresponda al desarrollo de su consciencia.

Las personas que están orientadas totalmente hacia la materia, ven solo la materia y a sus iguales. Las personas que buscan y desarrollan en sí el Reino de Dios y son espirituales, es decir, que en su vibración se han elevado por encima de los cuatro niveles de purificación, reconocen y ven en sí las verdaderas leyes; pueden ver aquello que sucede detrás de la materia y de los ámbitos de purificación. Han despertado como hijos e hijas en el espíritu del infinito.

Si entonces el alma en el ser humano ha alcanzado esta ampliación de la consciencia y ha atravesado los cuatro ámbitos de purificación, es decir, si su consciencia está en la filiación de Dios, al alma y al ser humano les es manifestado lo que está detrás de la materia: la forma de obrar y la vida del Espíritu.

Las formas puras resplandecen por sí mismas. No son irradiadas por un sol como lo es el ser humano. La fuerza primaria irradia en su interior y a través de ellas.

Por el contrario, el universo material y con él también el cuerpo físico, son iluminados desde afuera por soles y planetas, es decir, que no son traspasados por sus rayos. Solo esto hace que la materia sea visible. Si la luz no iluminase a los cuerpos y los objetos, no habría reflejos y lo concreto no sería visible. Un alma que ha abandonado su cuerpo puede percibir y vivir solo en aquellos ámbitos que ha activado en sí misma como luz y fuerza.

Tanto en el alma como en el ser humano es en consecuencia perceptible solo tanto como ellos hayan activado de luz y fuerza. Lo que un alma ha realizado en su peregrinaje hacia la luz de Dios es lo que puede reflejar. En el alma puede tener efecto únicamente aquella irradiación que ella ha vuelto a desarrollar mediante la realización de las leyes eternas. Eso es entonces la ampliación de la consciencia.

Si un alma está todavía muy atada a la Tierra, no puede ver regiones superiores y luminosas, porque aún no ha desarrollado la mayor cantidad de vibraciones de estos ámbitos de vida. Su consciencia está por lo tanto aún limitada. Las esferas superiores no encuentran todavía ninguna reflexión en ella, porque están aún tapadas a causa de la carga que lleva consigo.

Si existen uniones kármicas con esferas superiores, al alma que está vibrando en un ámbito inferior se le permite de vez en cuando una mirada hacia arriba, a esferas más luminosas, por medio de una concesión pasajera de energía. Los lazos kármicos aún existentes que la unen tal vez con una región más elevada los ve el alma en sí misma. De esta manera se le estimula a perdonar o a pedir perdón.

La mirada a ámbitos superiores se produce como sigue: Por medio de una irradiación más intensa, que le es concedida a través de planetas que la guían y que la tienen aún bajo su influencia, se amplía momentáneamente su consciencia. El alma ve en su propia consciencia las culpas aún existentes. Así es conducida al reconocimiento, para perdonar o pedir perdón.

Algo semejante sucede en un alma encarnada, en el cuerpo humano. El alma y el ser humano maduran solo a través del autorreconocimiento, de la realización y del perdón. Tanto el alma en los ámbitos de purificación como también el ser humano son exhortados una y otra vez por la Ley eterna a través de la ley causal, la ley de Causa y efecto, a reconocerse a sí mismos y a aspirar a llevar una vida según la ley del amor. Cuanto más limitados están el alma y el ser humano, más atada está la persona a su mundo de ideas. En muchos casos pasa por alto la llamada de la Ley eterna, porque vive según su parecer, y con ello a menudo en contra de la Ley eterna.

Los seres puros, por el contrario, viven la Ley y son la Ley misma, resplandeciente por sí sola. Su percepción espiritual primaria no es alterada por nada. Ellos ven todas las cosas como son realmente y reconocen así procesos en su totalidad.

Lo puro, lo absoluto, no afirma la limitación de tiempo y espacio. Por eso, la limitación a la larga no puede existir. Dios ve sin duda la limitación, pero no la apoya.

Para el ser puro, la consciencia pura, todo está abierto y claro. Lo puro lo traspasa todo, también la materia, todos los soles, mundos y seres humanos.

Vemos la materia como una sustancia consistente. Sin embargo, ella es como todo en el infinito: vibración, energía.

El ser humano espiritualmente ciego y sordo
no conoce su verdadero ser,
y ya no puede percibir a Dios en sí

Lo que es puro ve y afirma el SER, pero no la apariencia. En tanto el ser humano se ate con deseos e ideas a personas y cosas, permanece atado también al tiempo y al espacio, y su verdadero ser permanecerá oculto para él hasta que, por medio del análisis de su verdadero origen y de su verdadero ser, se esmere en ver las cosas como son y no como parecen.

Si le es posible examinarse y conocerse a sí mismo, ya no intervendrá en las leyes de la naturaleza; verá a las personas como la imagen del Padre eterno y respetará la vida, la de su prójimo humano y la de su prójimo natural: las plantas y los animales, la de toda la naturaleza. Solo entonces llegarán a su fin los sufrimientos, las penalidades, las enfermedades, el hambre y la muerte espiritual.

El ser humano cosechará lo que siembre. Quien actúa en contra de la Ley universal inamovible, actúa en contra de sí mismo. Muchas personas siguen sembrando causas. A cada causa no arrepentida y no reparada oportunamente le sigue el efecto.

Muchas personas han conformado y siguen conformando su vida sobre la base de causas como odio, envidia, daño, destrucción, enfermedad y todos los demás infortunios y plagas. Debido a esto se produjo y se produce en cada uno la estrechez de la consciencia, por la cual el alma y el ser humano ya no pudieron ni pueden percibir la sensación primaria, al Espíritu de Dios, la voz del Todopoderoso.

Por eso Dios, la Ley eterna, puede guiar de forma directa solo a pocas personas. A todos los demás Dios, la Ley eterna, los guía a través de la ley causal: lo que el ser humano siembre, eso cosechará.

Una gran cantidad de seres humanos y almas se han vuelto sordos y ciegos para la palabra de Dios. En esta sordera y ceguera espiritual, el ser humano trata de tener contacto solo con personas como él, olvidando que es un ser procedente de Dios –y por lo tanto divino. Sin embargo, el alma busca consciente e inconscientemente el origen del manantial, hasta que se haya sumergido nuevamente en él.

El ser humano tiene su lenguaje. Él habla el idioma del país en que vive. Las palabras de los seres humanos son sonidos que, yuxtapuestos, producen el lenguaje. Ellas son solo una ayuda, en ningún caso son la comunicación de las fuerzas puras del alma con Dios.

Como consecuencia de la forma de vida orientada hacia el exterior –a esto pertenece también el lenguaje–, muchas personas han llegado a ser espiritualmente ciegas y sordas. Por esta razón desconocen el lenguaje y la voz de Dios.

Debido a que muchas personas ya no pueden percibir en sí, en su alma, la sensación primaria sagrada, la palabra de Dios, Me manifiesto Yo, el Espíritu de la vida, a través de boca humana, a través de un instrumento invocado por Mí, en la palabra y en el idioma materno del instrumento.

La palabra de los seres humanos es limitada. Por eso no Me es posible manifestar en toda su amplitud las leyes universales de la vida y la ley de Causa y efecto, en la que se refleja todo el proceso de la Caída.

Yo, vuestro Señor, el Espíritu de la vida, Cristo, os conduzco de regreso hacia la sensación primaria sagrada, hacia Dios, hacia la palabra de Dios, hacia la verdad. Que todos aquellos que escuchan o leen Mi Palabra que doy por medio de Mi instrumento, se esmeren en comprender el sentido espiritual, para que lo manifestado por Mí llegue a ser un verdadero enriquecimiento para el alma y la persona.

Todo lo que le sucede a la humanidad es el resultado de la siembra humana

En este mundo de formas externas todo es relativo. Lo que la persona ve con los ojos terrenales es limitado, visto desde la consciencia eterna es solo apariencia, o sea, irreal.

El mundo terrenal es la expresión de los sentidos y de los pensamientos de cada uno, es decir que el mundo consta de formas de pensamientos. El mundo será transformado –así como todo lo que es de sustancia densa–, porque la Ley eterna creó y sigue creando solamente elementos etéreos, o sea resplandecientes por sí mismos.

Todo lo que no es Ley Absoluta es capaz de vivir solo en forma limitada y por eso no es existente en el Espíritu de Dios.

Dios es Espíritu, es energía de amor y vida de la más alta vibración. Dios lo ve todo perfecto, etéreamente puro. Como Dios es absoluto, energía altamente vibrante, solo lo espiritual puede perdurar, es decir, la estructura etérea pura que es absolutamente irradiable y sin sombras.

Los pensamientos y las proyecciones de todo el género humano, desde el comienzo de la humanidad hasta la época actual, son reflejos del pasado y del presente: Lo que el ser humano causó un día y causa ahora, y no ha reparado, es decir, lo que no ha sido transformado, caracteriza la época correspondiente.

Así como la persona, cada una por separado, es el espejo de su alma, así también la vida de cada época es el espejo de aquellos que vivieron en otros tiempos en traje terrenal y que ahora nuevamente viven en esta época. Con el bien de su alma, que han traído, caracterizan la visión del mundo y lo que sucede en el mundo.

La conducción indirecta de Dios se realiza a través de la ley de Causa y efecto y de los astros. La consciencia espiritual disminuye en aquel que vegeta orientado hacia el mundo

Las personas que viven orientadas solo hacia el mundo, sin ser conscientes de la Divinidad, son conducidas indirectamente por Dios, la Ley eterna, a través de los astros.

La fuerza primaria, el manantial del amor y de la vida, es la fuerza energética en todos los cuerpos celestes para seres espirituales, almas y seres humanos y para los reinos de la naturaleza.

A las estructuras atómicas de los soles y planetas parcialmente materiales, alteradas y transformadas negativamente hacia lo inferior, también del sol terrenal así como de todos los soles materiales y también de las esferas de purificación, fluye solo la energía que corresponde a su respectiva evolución, y que puede ser recibida por almas y seres humanos a través del cumplimiento de las leyes eternas.

Debido a la inconstancia de los seres humanos, por las vacilaciones de su consciencia –una vez espíritu, luego otra vez mundo, una vez esfuerzo por lo espiritual, después nueva recaída en el mundo, donde le esperan nuevas culpas– varía constantemente la irradiación de la fuerza primaria. Esto significa que, según sea el estado de desarrollo de las almas y de los seres humanos, la fuerza primaria fluye más abundantemente o en menor cantidad, dependiendo de hacia dónde se inclina el fiel de la balanza de cada uno, a lo espiritual o a lo material.

Entonces, si el ser humano recae en una sensualidad atada a la materia, disminuye en él la fuerza primaria: su consciencia espiritual se reduce, y empiezan a influir en él formas mentales, imágenes mentales creadas por él mismo. Estas formas mentales emitidas por él pueden ser así transformadores para almas que en su vibración son iguales que sus formas mentales, o bien para formas mentales de otras personas o para fuerzas de la crónica atmosférica que vibran de modo igual o semejante. Todo esto puede influir en el alma y en el ser humano.

Quien no pone cuidado y deja pasar los días sin reflexionar, quien no controla sus pensamientos y los pensamientos de odio y envidia, de celos y amor propio que son contrarios a la Ley de Dios ni los detiene con pensamientos positivos, altruistas, reconstituyentes, esto es, legítimos, desperdicia su valiosa energía vital. Él vive y no sabe por qué. Su traje terrenal muere y su alma no sabe hacia dónde sigue su viaje. Él se va de la Tierra y es un extraño para sí mismo, y allí donde va su alma seguirá siendo un extraño que deambula como un sonámbulo.

Quien para sí mismo es un extraño, porque vive lejos de Dios y considera al mundo como su único lugar para vivir, quien no pregunta por las leyes cósmicas y tampoco las aplica a sí mismo, planteará una y otra vez la pregunta: ¿Por qué hay catástrofes terrenales, sufrimientos, enfermedades, preocupaciones, problemas y tantas otras cosas más?

Dios es Ley Absoluta. También los Cielos puros y los seres espirituales puros son la Ley Absoluta y omniabarcante de la vida. Las siete fuerzas básicas de la vida

Quien escuche o lea Mi Palabra, tiene que partir de la base de que Dios es Espíritu y de que todas las formas de vida puras surgieron y surgen del Espíritu. Dios es entonces Espíritu omnisciente, es energía primaria.

La palabra de Dios es la sensación primaria que se manifiesta en todo lo que existe y en todos los seres, también en las personas que en su interior se han acercado a la fuente primaria, al Espíritu Santo.

La sensación primaria, la consciencia fluente que se manifiesta, es llamada también sensación universal. Esta es la fuerza de expresión de la Ley. La Ley, Dios, es energía eternamente fluente. El sentir primario, la Ley eterna, en sus múltiples facetas, colores y formas es el ritmo del infinito. Es acción y reacción y a la vez manifestación en los seres espirituales y en toda la Creación.

La fuerza primaria fluye del Sol Central Primario, de las dos partículas primarias que son la fuerza positiva y negativa.

La fuerza primaria consta de las siete fuerzas básicas. Para este mundo se las denomina Orden, Voluntad, Sabiduría, Seriedad, Paciencia, Amor y Misericordia.

Estas siete fuerzas básicas, que son la vida de todo lo que existe, fluyen en siete soles prismáticos que circulan alrededor de la estrella central, el Sol Central Primario. Estos siete soles prismáticos, llamados también segundos soles primarios, descomponen las siete fuerzas básicas en siete por siete fuerzas energéticas.

Estas siete por siete fuerzas, la Ley de Dios para todo lo que existe, así como para seres espirituales, almas y seres humanos, para el reino mineral y de la naturaleza, constituyen la ley universal de la vida.

Las siete fuerzas básicas descompuestas en siete por siete rayos de vida por los soles prismáticos, son las legitimidades para la vida en el infinito. Cada rayo de vida es un rayo de la Ley, el cual es activo en el infinito como legitimidad.

Dios es Ley Absoluta. Debido a que todo es la Ley, Dios, así los Cielos puros son también la Ley, Dios, y todos los seres espirituales que habitan los Cielos.

La Ley eterna mantiene también la ley causal, la ley de Causa y efecto.

La conducción directa de Dios la puede alcanzar solo aquel que ha salido de la ley causal, de la rueda de la reencarnación, y se ha convertido nuevamente en Ley Absoluta

La ley causal es energía degradada hacia lo inferior que resultó de las causas de todos los seres caídos, de todos los seres humanos y almas cargados.

A través de la ley causal fluye la Ley Absoluta y guía a todos los seres humanos y almas que todavía están atados a la ley de Causa y efecto, de acuerdo con sus causas. Esa es la conducción indirecta.

Quien ha logrado salir de la ley de Causa y efecto, y con esto de la rueda de la reencarnación, por medio del cumplimiento de las leyes eternas, alcanza la conducción directa de Dios, porque se ha sumergido en la Ley Absoluta, en Dios.

Debido a la Caída, una parte de la energía primaria pura fue cambiada y transformada hacia lo inferior. La transformación de esta energía primaria fue tan extrema, que de ella resultó en el universo un grado de cristalización que es llamado materia. La Tierra, esta parte de la materia totalmente condensada, es la vivienda de las almas encarnadas, los seres humanos.

La tarea de cada alma en los niveles de purificación e igualmente de cada alma en traje terrenal, es desarrollarse espiritualmente para llegar a ser otra vez lo que Dios regaló al ser puro: la Ley Absoluta, que por sí misma surgió y es.

Sin embargo, en tanto un alma se vuelva a encarnar una y otra vez en un traje terrenal, vuelve a traer consigo sus emociones e inclinaciones humanas, y en su encarnación sigue actuando en pensamientos y obras en las situaciones y tareas que no había terminado en una de sus vidas anteriores. Esto puede suceder en una época totalmente diferente, con muy distintos medios y posibilidades. Pero ella continúa influyendo en ello y en su propio complejo de pensamientos, hasta que este toma eventualmente forma y configuración material.

Solo cuando el alma y la persona despiertan a la espiritualidad, empiezan a ordenar su vida y a superar lentamente a través de Mí, la fuerza de Cristo, las numerosas formas de pensamientos y cargas del alma. De este modo, el alma se vuelve nuevamente pura y puede ser conducida de regreso a lo absoluto a través de Mí, su Redentor.

Dios regala incansablemente amor, también a través de la ley causal, también para la Tierra, para cada alma y para cada persona. De la ley básica, de la Ley Absoluta, de Dios, fluyen entonces incesantemente las siete por siete legitimidades, que son a la vez colores espectrales.

Ellos vivifican al alma, a la persona y a todo los que existe que se encuentra en la ley de Causa y efecto.

La consciencia humana está limitada
al tiempo y al espacio y considera
la existencia terrenal como la realidad.
Solo aquel que ha despertado espiritualmente
reconoce el carácter transitorio de la materia

Estas siete por siete fuerzas divinas, las legitimidades de Dios que transforman todo lo condensado y lo elevan a lo puro, fueron obstaculizadas un día por los seres de la Caída, y ahora una y otra vez por los seres humanos, por medio de pensamientos, palabras y actos contrarios a la Ley de Dios.

Son pocas las personas y almas que en esta época se han desarrollado para salir de la ley causal. La mayoría de las personas actúan diariamente en contra de la Ley Absoluta y crean continuamente causas en la ley causal.

Debido a que muchos antiguos seres caídos no cumplieron la Ley Absoluta, y en el curso de las épocas muchas personas actuaron y actúan contra ella, en miles de millones de años se produjeron puntos de interferencia, tanto en los planetas como también en su atmósfera. De estos puntos de cristalización salen por su parte diferentes radiaciones, vibraciones, colores y formas. Con el paso de las épocas resultaron entonces diferentes conocimientos, puntos de vista, orientaciones e impresiones.

A pesar de las diferencias en las épocas del tiempo, el alma que regresa y se encarna en su ser humano empieza siempre allí donde se detuvo en su desarrollo en una vida anterior, hasta que despierta en Mi Espíritu y se deja guiar conscientemente por la ley del amor.

Repito: Todo se basa en vibración. También la materia con su estructura y los habitantes de la Tierra, los seres humanos, son vibración.

La vibración del cuerpo físico coincide en su mayor parte con el número de vibraciones de la

Tierra, pues ambos, el ser humano y la Tierra, son materia, energía potenciada, cristalizada.

La materia tiene sus volúmenes y pesos. Para la concepción humana es una sustancia compacta y real, condicionada cósmicamente e incorporada a la gran totalidad, y que tiene su función en los universos, en el infinito. Este punto de vista es relativo, pues las tres dimensiones de la materia referentes a tiempo y espacio, pertenecen a la ley causal, la que si bien está contenida en el infinito, es mantenida dentro de ciertos límites por la Ley eterna.

Quien limita su consciencia, su forma de pensar, sentir y querer solo a lo temporal y espacial, para él la vida material, la existencia terrenal es entonces la realidad. Pero quien en base a un esfuerzo espiritual, a través del cumplimiento de las leyes sagradas, se acerca al Reino interno, del cual dije: «El reino de Dios está dentro de vosotros», ve la materia en su existencia relativa: Él sabe que ella no está sometida solo a cambios, sino también a ser transformada.

Quien ha despertado espiritualmente sabe que el cuerpo terrenal es solo de esta Tierra y que fue creado también solo para esta Tierra, que es solo un instrumento o un vehículo para el espíritu que vive en su interior, para el alma. Sin embargo, al cuerpo espiritual, al alma encarnada en el ser humano, le es posible realizar muchas cosas cuando el alma y la persona en su desarrollo espiritual anhelan y también aplican ideales y valores más elevados.

Los valores que no se refieren solo a esta vida en la Tierra, sino que mantienen una relación correcta con la materia, que están orientados más espiritualmente que teñidos por las gafas del egoísmo, producen equilibrio y paz. Un alma madura y un ser humano orientado hacia el Reino interno, hacia el Reino de Dios, aprenden cada vez más sobre las leyes que rigen eternamente y a las que al fin y al cabo también está sometida la materia.

El alma desencarnada se da cuenta de que la materia, el tiempo y el espacio son irreales

Por las noches, cuando su cuerpo duerme, el alma que ha madurado se va a ámbitos superiores a buscar profundos conocimientos e impresiones. Los trae al cuerpo terrenal, pero bajo la limitación de la capacidad de percepción del entendimiento, que está capacitado solo para el mundo de tres dimensiones. Durante su «peregrinaje» por los ámbitos intemporales, el alma se da cuenta de que la materia es irreal, ya que el tiempo y el espacio no existen en la Ley eterna. Ella comprueba que, sin cuerpo, puede atravesar espacios y que no está atada al tiempo.

Algo semejante sucede después de que el alma se desprende del cuerpo, después de la muerte. Según su desarrollo y madurez espiritual, el alma va allí donde encuentra lo mismo, es decir, lo que le corresponde, seres iguales a ella. A las almas desencarnadas, a las formas sutiles, les es posible atravesar todos los ámbitos de vibración que han desarrollado. Esto significa que lo que el alma ha alcanzado por una vida de acuerdo con las leyes divinas, está manifiesto en ella, y puede también ir hacia allí.

Un alma despierta reconocerá que los bienes que poseyó una vez en la Tierra ya no son sustancia densa, pudiendo pasar atravesando todo lo que un día fue su propiedad en la Tierra, lo que protegía y cuidaba y que para ella era sustancia densa. Lo terrenal deja repentinamente de ser concreto para ella. Ya no es sustancia densa. Lo que para ella fue una realidad como ser humano, ya no es concreto; se ha vuelto irreal, porque ella se encuentra ahora en otro estado físico.

Si un alma despierta puede alcanzar este conocimiento y atravesar el tiempo y el espacio y toda materia condensada, cuanto más le será entonces posible a un ser espiritual puro atravesarlo todo, porque su hogar es el infinito, la sustancia sutil pura.

Quien actúa en contra de las leyes cósmicas o las modifica, crea disonancias y cambios en todos los planos de vida, en y sobre la Tierra

Cada pensamiento contrario a la Ley de Dios y cada acto en contra de la Ley divina produjeron y producen invariablemente la limitación de aquellos que de ese modo se han apartado de la Ley eterna. La suma de las faltas en contra de las leyes dio como resultado la limitación y la condensación, y posteriormente la cristalización, la materia, el tiempo y el espacio.

Al ser humano le sería posible transformar la estructura material y hacer volver la densificación a niveles de vibración más elevados, porque en él están latentes las fuerzas más elevadas. A los seres humanos les corresponde animar estas fuerzas y aplicarlas correctamente.

De esta manera, la estructura material se haría más sutil, porque empezarían a actuar las siete fuerzas básicas de la Ley universal, las cuales poco a poco llevarían toda la estructura material a otro estado físico. Esto podría suceder, sin embargo, solo a través de personas que estén dispuestas a cambiar su forma de pensar y de vivir, y que realicen la Ley eterna del amor, de la paz y de la unidad.

Los cuatro elementos, fuego, agua, tierra y aire forman el sistema de respiración de la Tierra. Si este ritmo regular es perturbado una y otra vez por el ser humano, con el correr del tiempo todo el organismo terrestre será alterado. A raíz de esto, tanto los campos magnéticos de la Tierra como las corrientes magnéticas serán influenciados, estos constituyen la ley de la Tierra y de los planetas, y pertenecen a su sistema solar.

Visto de manera global, cada alteración repercute también en el eje terrestre.

Cada cambio dentro de la Tierra y sobre ella produce por su parte un cambio en y dentro del ser humano, en y dentro del mundo animal; provoca también una reacción correspondiente en el mundo vegetal y transforma incluso la irradiación de los minerales.

Lo que sucedió en tiempos remotos sucede también actualmente: quien altera las siete fuerzas básicas del infinito por medio de pensamientos erróneos y de un modo de actuar contrario a la ley, crea disonancias no solo sobre y dentro de la Tierra –de las que resultan nuevas alteraciones– sino también en sí mismo.

Las constantes interacciones, las disonancias en todas las formas de vida –por lo cual se alteraron las formas, los colores y los sonidos– tuvieron influencia en el curso del tiempo en los seres humanos, en los reinos de la naturaleza y en todo el sistema solar. Debido al comportamiento contrario a la ley –por el cual se abusó y se abusa de las fuerzas cósmicas– se produjeron repetidos agrietamientos polares, erupciones y cosas semejantes. La Tierra no se ha tranquilizado ni ha llegado a tranquilizarse incluso en el tiempo actual.

Quien interviene entonces en las leyes cósmicas y las altera, crea irremediablemente disonancias en todos los ámbitos de vida de la Tierra y en la Tierra misma. Debido a que cada pensamiento, cada palabra y cada acto es energía –y como ninguna energía se pierde–, tanto lo positivo, la forma legítima de pensar y actuar, como también lo ilegítimo recae entonces sobre el causante, o sea sobre el ser humano y sobre su alma.

El alma terrestre, el portador de vida espiritual de la Tierra que no se puede cargar. El ser humano crea disonancias en las formas de vida inocentes y carga su propia alma

Así como cada ser humano guarda en sí una sustancia espiritual que llamamos alma, cada forma de vida tiene también un portador de la vida, el espíritu. También la Tierra, el planeta habitado por los seres humanos, tiene una sustancia espiritual. A esta se la denomina alma terrestre.

El alma terrestre, un planeta espiritual parcial de los Cielos, no acogió ni acoge los cambios de la corteza terrestre. Por lo tanto se transforma solo la red, la envoltura material, la Tierra, y no el alma terrestre.

El alma terrestre, el planeta espiritual parcial, no acoge las actuaciones de los seres humanos en contra de la Ley divina. El alma en la persona acoge en sí, por el contrario, tanto lo positivo como lo negativo. Esto significa que el alma de la persona se puede cargar, pero no el planeta espiritual parcial, el alma terrestre.

El «libro de la vida» es entonces el alma de la persona. El alma de la persona registra tanto los pensamientos, palabras y actos positivos como los negativos.

Se puede cargar siempre solo el causante de lo negativo en la Tierra, pero no las formas de vida inocentes: los minerales, vegetales y animales que Dios dio a Sus hijos para el mantenimiento de su envoltura material.

Los seres humanos, los minerales, las plantas y los animales deberían tener una relación equilibrada: De todas las formas de vida deberían nacer irradiaciones armoniosas, irradiaciones que se complementaran, se fortalecieran recíprocamente y contribuyeran al bienestar de la humanidad. Pero no es así, debido a que el ser humano ha creado disonancias en sí mismo y en los reinos de la naturaleza; y así, a cada causa que no ha sido reparada seguirá el eco, las consecuencias tanto sobre y dentro de la Tierra, así como también en y dentro del ser humano. Lo que el ser humano le hizo y le hace a la Tierra, vuelve a recaer sobre él.

Entre el campo energético y magnético del ser humano y de la Tierra existe una acción recíproca constante, en el que se hace efectiva la ley de Causa y efecto

El ser humano es un cúmulo de energía que, según sea su forma de pensar y de actuar, crea sus propios campos de energía, es decir, sus campos magnéticos. Por consiguiente, cada ser humano tiene sus campos energéticos y magnéticos de acuerdo a su forma de pensar y actuar.

Entre sus campos magnéticos y los campos magnéticos de la Tierra existe una acción recíproca constante: las reacciones de la Tierra se transmiten al ser humano a través de la acción recíproca del ser humano y de la Tierra, de igual modo que la forma de actuar del ser humano se traspasa a la vibración de la Tierra. Lo que el ser humano le hace a la Tierra, a su planeta en que vive, se lo hace a sí mismo, debido a la correlación ser humano y Tierra.

La ley de Causa y efecto actúa y se hace efectiva en cada pensamiento humano. En cada deseo y tendencia está ya la semilla. En tanto el ser humano está en la ley causal, sus pensamientos, palabras y obras son la consecuencia de sus analogías, de sus causas.

Por lo tanto, lo que el ser humano le hace a su prójimo o a su prójimo animal y a la Tierra con sus reinos de la naturaleza, lo cosecha él mismo. Los campos magnéticos terrestres registran todos los actos de los habitantes de la Tierra, de los seres humanos, y las corrientes magnéticas –las cuales son las portadoras de sonido del gran «ente terrenal», de la Tierra– llevan todas las resonancias, sean sus consecuencias positivas o negativas, de regreso a aquel que las emitió: al ser humano.

Lo que el ser humano le hace a su prójimo y a su prójimo animal se graba en su propia alma. Es acogido en el libro de la vida, en el alma. Debido a que todo se basa en vibración, el ser humano vuelve a recibir y acoger en sí la vibración que él emitió otrora y sigue emitiendo ahora.

Los campos magnéticos terrestres registran cada disonancia, especialmente la violencia humana, por medio de la cual se producen alteraciones considerables en el aire y sobre y dentro de la Tierra, por ejemplo, por experimentos atómicos y cosas por el estilo. Todas las disonancias son transmitidas por las corrientes magnéticas, las portadoras de sonido de los campos magnéticos terrestres –que en sentido figurado podrían ser denominados también los nervios de la Tierra.

Los campos magnéticos terrestres son ámbitos de vibración de diferentes tipos, que en conjunto son llamados campo magnético terrestre. Ellos son los «puntos neurálgicos» de la Tierra, y al mismo tiempo los espejos del planeta habitado. Si estos espejos de la Tierra a raíz de los comportamientos humanos son transformados y empañados, esto repercute entonces en toda la Tierra: en el clima, en los reinos de la naturaleza y en las personas. Las corrientes magnéticas alteran incluso el comportamiento de los animales.

El ser humano es influenciado de acuerdo con su forma de pensar y actuar, porque según su estado de consciencia está comunicado en mayor o menor medida con el magnetismo total de la Tierra. Así como en muchos casos los animales transforman su instinto y se tornan veleidosos, así sucede a menudo con una persona atada a la Tierra. La tensión de su cuerpo va cediendo. Se vuelve depresiva y agresiva.

El mundo vegetal también transforma sus características: Muchas plantas altamente desarrolladas desaparecen y nacen especies de inferior calidad.

Las fuerzas negativas, destructivas, que proceden del ser humano, debilitan sus propias fuerzas anímicas y corporales y conducen a golpes del destino y a enfermedades

Corrientes magnéticas armoniosamente equilibradas serían de efecto curativo para los débiles nervios del ser humano. Podrían reconstituir y fortalecer un organismo débil. Pero la actitud del ser humano frente a la Tierra es decisiva.

Si el ser humano está en armonía, y por lo tanto en consonancia con la vida, cosechará entonces armonía. Armonía es lo mismo que «sinfonía», es decir, concordancia de alma y cuerpo. La armonía es una fuerza reconstituyente y estabilizadora para el alma y la persona. Quien lleva una vida orientada positivamente en pensamientos y palabras, quien se esfuerza por alcanzar la unidad con todas las formas de vida, recibirá también las fuerzas positivas, las activará y reforzará en sí.

A la inversa sucede lo mismo cuando el ser humano desarrolla fuerzas negativas, destructivas. En él influirán las fuerzas negativas y destructivas y lo impulsarán a cometer otros actos contrarios a la Ley de Dios. En el curso de su vida o de sus vidas, esto provoca un debilitamiento de sus fuerzas anímicas y corporales, lo que conduce a malestares, golpes del destino y enfermedades en vez de felicidad, satisfacción y salud.

No obstante, si el comportamiento de la persona es positivo, tanto frente al prójimo como a su medio ambiente, entonces atraerá de las corrientes magnéticas las fuerzas positivas aún existentes. Si es necesario, estas reconstituirán y fortalecerán su campo magnético.

En la existencia terrenal todo es relativo. Lo negativo guarda en sí predisposiciones positivas. A quien lleva una vida positiva, altruista, le es también posible reconocer lo positivo en lo negativo, afirmarlo y desarrollarlo. Y a quien activa las fuerzas positivas, le sirven las energías superiores, nobles y puras.

Comprended entonces que la ley espiritual de la atracción para seres espirituales, almas y seres humanos establece: «cosas iguales atraen siempre a sus iguales», o bien: «los iguales se atraen».

Quien vive en la ley de Causa y efecto debería reflexionar cada mañana que toda causa, todo acto contrario a la Ley divina –ya sea en sensaciones, pensamientos, palabras o actos– crea causas. Cada causa lleva ya en sí el germen del efecto. De un efecto puede resultar por su parte una nueva causa, cuando la persona no reconoce a tiempo el efecto y sigue actuando en contra de la ley férrea. Pero si reconoce oportunamente la consecuencia de la causa creada, se arrepiente de esta y se esfuerza en reparar lo contrario a la Ley de Dios, en ese caso el efecto no tiene que producirse, o solo en una medida pequeña, según sea la índole y la intensidad de la falta.

Lo que el ser humano siembre, eso cosechará. También lo que le haga al gran «ente terrenal», a la Tierra, recaerá sobre él.

El Todopoderoso dijo: Someted la Tierra. Él no dijo: Explotadla y maltratad la vida, las plantas y los animales. Por cierto, incluso las piedras sienten la armonía o las desarmonías del ser humano. Al ser humano le corresponde entonces la obligación de estimular las energías positivas, de disponer de ellas y aplicarlas en forma correcta, según la Ley eterna del amor y de la unidad.

Así por ejemplo, la transformación de los átomos, su desintegración y empleo está en contra de la ley del amor y de la paz. Está contra la armonía universal, Dios.

Igual sea lo que provoca desarmonía, es negativo, y en la causa, ya entonces en la predisposición, está el germen de la destrucción. Toda disonancia, no importa cuándo, dónde, a través de quién o por qué se produjo y se produce, altera la armonía y –refiriéndose en general a la masa de los seres humanos–, contribuye a la alteración de todos los ámbitos de la vida.

Así como la armonía o desarmonía son registradas por el plano terrestre y son transmitidas a los portadores de sonido, a los nervios de la Tierra, al campo magnético, de manera semejante se transmiten a los animales y especialmente a la criatura más elevada de esta Tierra, al ser humano: Los nervios del ser humano se contraen, las energías vitales se debilitan y la persona enferma. Debido a la escasa intensidad luminosa del alma y del cuerpo, los órganos se tornan receptivos y propensos a enfermedades, virus y bacterias dañinas.

Vibraciones contrarias a la Ley divina son las que han dado y siguen dando entonces motivo a crispaciones en el sistema nervioso y en los órganos. Sobre todo el aparato circulatorio es el que se altera de manera considerable, lo que por su parte da motivo a que se hayan producido y se produzcan determinadas enfermedades.

La sangre es la portadora de la vida material. Si la sangre no está en orden, todo el organismo puede ser afectado. Si la Tierra con sus bosques, mares, lagos y ríos ya no produce suficiente oxígeno, que el ser humano necesita para su respiración, entonces consecuentemente también se contamina la sangre, por lo que los órganos se debilitan, contando con pocas fuerzas de defensa. Como la sangre fluye por todo el cuerpo del ser humano, a través de sangre impura son dañados al mismo tiempo diferentes órganos y otras sustancias del cuerpo humano.

Cada enfermedad tiene su causa, que puede haber sido creada en una vida terrenal anterior. Lo positivo o negativo que trae el alma es lo que ha adquirido en sus vidas pasadas

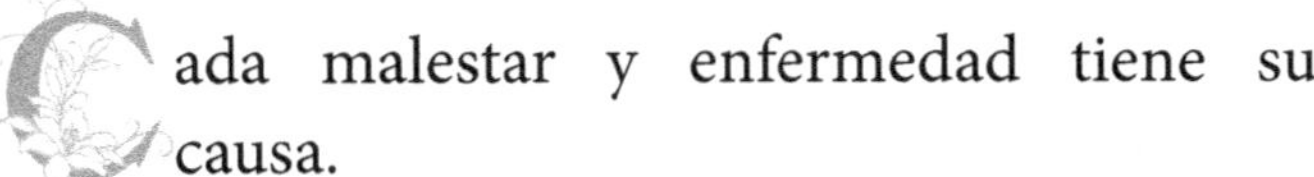

Cada malestar y enfermedad tiene su causa.

La causa no tiene que haber sido creada en esta vida. Lo que tiene su efecto en esta encarnación fluye del alma. La causa de una enfermedad puede fluir por lo tanto de un alma cargada que ha ido acumulando nuevas culpas en el repetido peregrinar entre el nacimiento y la muerte.

Un alma se puede encarnar muchas veces y recorrer muchas vidas terrenales en traje humano hasta que –por medio del autorreconocimiento y de la realización y de la aceptación de Mi acto redentor– recorra el camino espiritual de la purificación y el ennoblecimiento de su ego inferior, aumentando así la luz redentora que actúa en él. Tarde o temprano, cada alma y cada ser humano tienen que llevar a cabo la purificación del alma, ya sea en esta vida terrenal o en posteriores, o como alma en las esferas de purificación, para volver a ser de nuevo conscientemente la imagen fiel del Padre eterno.

Quien no domina su vida, quien no ennoblece su ser va agregando causas nuevas a las antiguas, aunque sean de otro tipo y modo, de acuerdo con las costumbres de las épocas en las que el alma se vuelve a encarnar, trayendo consigo todo lo que no ha reparado en sus vidas anteriores.

El alma reencarnada irradia entonces aquello que ha adquirido en las vidas anteriores. Su aura refleja sus pensamientos y actos buenos y malos. Son recuerdos y analogías. Estos determinan la actitud interna ante la vida, en base a la cual la persona piensa y actúa. De ese modo vuelve a construir nuevas formas mentales, volviendo a atraer, de acuerdo con su comportamiento, cosas iguales.

Los seres humanos que en su vida anterior pensaron y vivieron de forma mundana y estuvieron concentrados en la materia, también pensarán y trabajarán en forma semejante en esta existencia terrenal, hasta que despierten a la espiritualidad y empiecen a cambiar paulatinamente su manera de pensar.

Lo que el alma en traje terrenal ha apoyado y propiciado en una vida anterior y lo que todavía no está expiado, lo continuará fomentando y desarrollando en esta existencia. Los científicos se esmeran nuevamente, por ejemplo, en desintegrar los átomos para producir energía nuclear. Los médicos tratan una vez más de perfeccionar el trasplante de órganos, y los hombres de Iglesia persiguen otra vez a los que piensan de otra manera. De esta manera, hechos iguales o parecidos continúan una y otra vez a través de las mismas almas, solo que en otros cuerpos humanos y con una figura externa diferente, pero todo impregnado de la misma irradiación. De este modo, las almas siguen construyendo interminablemente la edificación de su destino en el curso de otras existencias terrenales. Una causa produce la otra, y un efecto tras otro se pone en actividad.

El ser humano se ha apartado de Dios y ya no tiene contacto con la Creación. No conoce las fuentes de una vida sana y feliz. Él se creó dioses terrenales

El «hombre de mundo» me objetará a Mí, Cristo, lo siguiente: Tenemos que experimentar para poder conservar la vida en esta Tierra, pues el ser humano necesita alimentos, vestuario, carbón, electricidad, petróleo y muchas materias primas y otras fuentes para hacer la vida tan agradable como sea posible. Necesitamos, así habla aquel que está atado al mundo, motores, aviones, barcos, vehículos y muchas cosas para poder movernos más rápido. Necesitamos medicamentos y clínicas. Necesitamos casas para poder vivir. Necesitamos fábricas que produzcan alimentos, vestuario y muchas cosas más. Todo eso y más aún necesitamos para poder vivir.

Mi respuesta, la de Cristo, dice:

Elévate, oh ser humano, a la espiritualidad, para que se amplíe tu horizonte espiritual y puedas aplicar y administrar la plenitud que viene de Dios como corresponde a tu herencia espiritual.

Los astros y los reinos de la naturaleza muestran cómo el ser humano puede vivir. La naturaleza se ha regalado y se regala de muchas maneras. Pero el ser humano se pone por encima del regalo, de la naturaleza, y no quiere depender de ella. Los astros le muestran al ser humano cómo se puede aprovechar la irradiación y cómo se pueden producir energías.

Por una parte el ser humano anhela la independencia, por otra parte se ata a sus adelantos y conquistas, los cuales, como él ya ahora puede reconocer, a la larga no le servirán. Pues todo aquello que no se puede poner en consonancia con las leyes de la naturaleza será la ruina del ser humano.

Si la persona es egoísta, es decir concentrada solo en sí misma, con ello está entonces apegada a esta vida. Por eso no reconoce las innumerables fuentes que podrían proporcionar al ser humano una vida sana y feliz –ni tampoco las experimenta.

Quien, por el contrario, incluye los reinos de la naturaleza y el firmamento en su vida, en su forma de pensar y actuar, quien respeta y cuida la vida, no importa cómo esta se manifieste, ya sea en las plantas, animales o piedras, tiene a su servicio a Dios, que es la plenitud. Reconocerá y sentirá cuán grande es el tesoro que vive en él y está a su alrededor.

Este tesoro del Espíritu, la plenitud, lo puede reconocer y recibir el ser humano solo cuando al realizar las leyes eternas demuestre que es un ser cósmico. Entonces tendrá las fuerzas del infinito a su servicio. Si las acepta agradecido a través de una vida en el Espíritu, se le manifestarán posibilidades y más posibilidades que él podrá aprovechar para su salud y bienestar.

Para esto el ser humano tiene primero que transformarse: de un ser apegado a la vida terrenal y atado al mundo, a una persona que esté orientada a Dios y piense espiritualmente, que reconoce la fuente de toda existencia y que vive también de acuerdo con las leyes cósmicas eternas.

La humanidad se ha ido apartando cada vez más de Dios, su Señor, y se ha dedicado a cosas y valores externos, a sus propias conquistas. De esta manera el intelecto ha sido sobrevalorado y la confianza en Dios, el poder supremo, se ha perdido en su mayor parte.

Muchos seres humanos viven como paganos. Tienen sus dioses a los que adoran. El primero es el dios de la riqueza, el Mammon, que ha hecho de los seres humanos sus siervos y esclavos. Los otros dioses son el prestigio, el poder y el afán de sobresalir.

Solo una orientación totalmente nueva, el apartarse de la vida y forma de pensar material, y el entregarse a valores espirituales, podría transformar el mundo

El tiempo está cerca en el que será cada vez más evidente que ni las autoridades eclesiásticas ni tampoco los hombres de Estado ni los científicos pueden salvar a la humanidad. Por eso cada vez más personas dirigirán su atención nuevamente a un poder superior, para encontrar allí apoyo.

Los grandes de este mundo y sus seguidores no podrán detener el caos mundial que se está formando, a pesar de reiteradas medidas y precauciones que solo conducen a otras dificultades. Lo que hagan y piensen que es bueno y provechoso conducirá a nuevas dificultades, y por consiguiente a nuevas causas, que en su germen hacen presentir ya el efecto.

Quien esté atento podrá reconocer esto y cambiar de parecer. El que duerme caerá en la fosa que se ha cavado él mismo.

Todo aquel que está atado al mundo es una persona confusa y ve los sucesos solo desde su propia perspectiva y cómo le pueden ser útiles a él como ser humano. El que está confuso es un prisionero de sus ideas y deseos.

Todo lo temporal está sometido a cambios, y el hombre de mundo a sus ideas. Quien acepta solo tres dimensiones, vive limitadamente. Él puede transmitir solo lo limitado y crear también solo cosas humanas. Quien piensa basándose solamente en modelos prefijados, tomará la idea de su antecesor y la desarrollará de acuerdo con su modelo mental, con sus muestras de pensamientos. Con sus modelos mentales puede, si las circunstancias lo permiten, marcar a muchas personas e iniciar incluso una nueva época, que, sin embargo, lleva en sí el germen de una época pasada. De este modo la irradiación de la Tierra puede transformarse y también la mentalidad de los seres humanos que viven en esa época.

A muy pocos habitantes de la Tierra les es posible imaginarse que una vida según las leyes del infinito se pueda manifestar en aspectos totalmente diferentes a los de la alimentación, techo, vestuario, electricidad y explotación de las riquezas del subsuelo.

La plenitud de la gran totalidad está como esencia en todo, en cada persona, encima y dentro de la Tierra y en el firmamento. La humanidad tiene que despertar, sin embargo, primero al reconocimiento espiritual y ser elevada a este. Tiene que reconocer y anhelar primero los ideales y valores internos para poder entrar en posesión de su herencia espiritual. Solo entonces se pueden manifestar las posibilidades insospechadas que conducen a salud, dicha, paz y amor. Entonces podría ser en la Tierra así como es en el Cielo.

Para que esto se produzca, es preciso un cambio radical en la forma de pensar de los responsables de este mundo, pero también de la masa del pueblo.

Está escrito: «El Reino de Dios está dentro de vosotros». El Reino de Dios puede venir a esta Tierra y ser visible solo cuando cada persona descubra individualmente en sí el Reino de Dios.

En quien vive de acuerdo con las leyes eternas se transforma la imagen del mundo egoísta, tridimensional. Se vuelve universal. Quien está en condiciones de pensar y vivir universalmente, se provee de la fuente inagotable de la vida, se torna creativo y sus innovaciones contribuyen al bienestar de muchos.

Quien no trata de alcanzar a Dios, el principio básico de la vida, ni anhela las costumbres y la moral espirituales, permanece atado al mundo, movido por sus instintos y pasiones. Él marca al mundo con su carácter vulgar, con su ser burdo, y con aquellos que son iguales a él, lo conduce a la ruina.

Si cada ser humano se esmerase en alcanzar la purificación de sus cinco sentidos, se depuraría entonces también su carácter. El mundo sería más perfecto y las personas serían más sanas. Podría haber entonces paz entre los seres humanos; y así la vida sería totalmente diferente. Todo lo que ahora caracteriza al hombre de mundo, su deseo de tener y poseer, podría ser transformado en una vida de comunidad y unidad. De esta forma se espiritualizaría el mundo y el poder de Dios podría asumir visiblemente Su conducción.

El ser humano es un hijo de Dios provisto del libre albedrío. Debido a su filiación divina le es posible influir tanto en esferas de alta como de baja vibración, según sea su forma de pensar y actuar. Gracias a su forma de pensar y actuar puede influir entonces en diferentes planos de vibración, los que por su parte corresponden a su campo de acción anímico y físico. Él puede influir tanto en las fuerzas positivas como en las negativas. Las fuerzas positivas que él desarrolla y absorbe lo fortalecen y le producen salud y bienestar. Las fuerzas negativas influyen en él y en otros. Reducen su capacidad de rendimiento anímico y físico, la que por su parte vuelve a influir en la vibración correspondiente de otros.

En tanto el habitante de esta Tierra continúe siendo un hombre vividor, que ansía solamente la satisfacción de sus pasiones, que quiere tener dinero, prestigio, posesiones y darse gustos culinarios, no habrá paz en esta Tierra, y al mundo no le irá mejor. Por el contrario, los seres humanos lucharán entre ellos cada vez más. Su continuo comportamiento falso hará estéril a la Tierra. La humanidad, es decir, cada uno, debería tener menos pretensiones, para que así pudiera producirse una reorientación en la manera de pensar de los pueblos.

Cuando los seres humanos lleguen a una evolución espiritual, a una renovación y transformación de la vida egoísta que han llevado hasta ahora, se distanciarán cada vez más de las conquistas humanas, del mundo altamente mecanizado, de apetitos culinarios y pasiones. Cuanto más se alejan los seres humanos de la corriente divina, menos fuerza de vida espiritual poseen. La consecuencia es que automáticamente se dirigen a cosas externas y buscan distraerse en el mundo, ya que su interior ha empobrecido. Ya no encuentran el acceso al Reino del Interior y por ello necesitan cada vez más fuentes externas para poder vivir. Necesitan también más alimentos y se sirven del mundo animal: Se transforman en carniceros y consumidores de carne. Se entregan al placer del alcohol y de la nicotina y van cayendo cada vez más en una vida de excesos.

Pero si en el ser humano actúa la ley, la vida, cada vez con más fuerza, despierta entonces la plenitud espiritual en el alma, la herencia de Dios. Es la fuerza para una vida verdadera, superior, sin pretensiones.

Una orientación positiva hacia lo divino,
es decir, un desarrollo espiritual
de la humanidad, elevaría todo
a una vibración superior,
desde la vida de cada ser humano
hasta el sistema solar

Quien se esmere en alcanzar ideales y valores superiores, en cumplir las leyes eternas, se enterará y experimentará no solo intuitivamente lo que en verdad necesitan los pueblos y la humanidad. Sobre todo él será guiado y alimentado por la fuente primaria, que es Mi Padre.

A raíz de una forma legítima de pensar y de vivir de muchos seres humanos, cambiaría también automáticamente su entorno. Tan pronto como el entorno de cada ser humano cambia hacia lo positivo, automáticamente el planeta Tierra alcanza una vibración más elevada. La consecuencia de ello serían formas de vida más desarrolladas, tanto en el reino vegetal como en el animal. El mundo vegetal se transformaría. Formas superiores, poseedoras de una mayor intensidad de luz, irradiarían al alma y al ser humano despertando en él otras fuerzas positivas de curación y de vida. También se transformaría el mundo animal y aumentaría su fuerza de luz. La Tierra produciría frutos más resplandecientes, grandes y sanos, con muchas más sustancias reconstituyentes para el alma y el cuerpo.

Las fuerzas de la Tierra podrían dar al ser humano cosas insospechadas: ¡Una vida de dicha y paz! Personas sanas y armoniosas estarían juntas y someterían la Tierra de forma correcta.

Los pensamientos son fuerzas. Pensamientos positivos, divinos y obras de acuerdo con la ley, no solo transforman el cuadro de irradiación de la Tierra hacia lo positivo, constructivo, sino también todo el sistema solar. En base a una orientación positiva de la humanidad hacia lo divino, se podría elevar la irradiación de todo el sistema solar. Lo que vibra más alto, recibe también más fuerzas de la Ley eterna, Dios. El desarrollo espiritual de la humanidad provocaría una transformación de lo inferior hacia lo superior: Si por medio de una vida pura cada persona ordenase las siete por siete fuerzas espirituales que actúan en ella, que son la plenitud que recibe de Dios, y si con ello pudiese entonces proveerse de ellas, tendría a su disposición posibilidades insospechadas. La realización de las leyes eternas tendría como consecuencia para las personas la conducción directa del Espíritu de Dios, y se les haría consciente que Dios está entre los Suyos.

Sin embargo, en tanto la mayor parte de los seres humanos se oriente hacia el mundo de las apariencias terrenales, hacia personas con capacidades y cualidades terrenales, se irá transformando más y más el cuadro de irradiación de la Tierra y las vibraciones se irán degenerando, tanto las anímicas como las físicas, y las vibraciones del planeta Tierra. De este modo se modifica cada vez más todo el cuadro de irradiación de la Tierra.

Lo que se le hizo a la Tierra desde sus comienzos recae en los causantes. El karma colectivo de la humanidad

Lo que los habitantes de la Tierra le han hecho a su planeta desde que existe la Tierra, y lo que no ha sido reparado, tiene efecto sobre los causantes. Por ello sus almas o bien expían en las esferas de purificación o se encarnan con sus causas tantas veces como sea necesario para que estas sean saldadas en su mayor parte.

Si los pensamientos y afanes de los habitantes de la Tierra permanecen orientados hacia el mundo, seguirán construyendo una y otra vez nuevas cargas sobre las ya existentes. Con ello no solo crean en sí mismos causas y más causas, sino también sobre y dentro de la Tierra.

Las causas pueden ser múltiples: Pueden ser pensamientos negativos de odio y envidia, calumnias e insultos. Los efectos de estas causas las pagan entonces las almas con personas a las que tienen que servir, o ante aquellos con quienes tienen que estar toda su vida, porque alguna vez los dañaron o pecaron en contra suya.

Actos negativos pueden ser hechos que se cometen a la Tierra y dentro de ella, por ejemplo, por medio del tratamiento y la transformación nuclear y los experimentos atómicos. Estas causas tienen consecuencias muy amplias: Influyen sobre y dentro de la Tierra, en los mares, lagos y ríos, en las corrientes de aguas subterráneas, en la atmósfera, en el ser humano y en los animales.

Ya solo quien apoya estas causas de tan graves consecuencias, se hace también culpable de todo el sufrimiento que producen. Esto es entonces un «karma colectivo» o karma de grupo, un karma de muchas personas.

Cada ser humano debería plantearse la pregunta: ¿Cómo se comporta el planeta Tierra con todas las personas que no lo respetan, sino que lo contaminan maltratando así la vida? Cada uno debería preguntarse si él también participa o quiere participar de este karma colectivo.

Muchos científicos buscan e investigan, por ejemplo solo en el ámbito material. En la existencia material ven ellos la única realidad y la única posibilidad de poder acumular experiencias para llegar a ser tal vez famosos. Solo pocos de ellos consideran los otros, y para ellos invisibles, aspectos de la vida, la fuerza mantenedora que es la vida en la materia, que mantiene lo material y da la forma, es decir la ley que actúa detrás de la materia. La fuerza invisible, la Ley Absoluta, es para muchos una imagen mental de los místicos que no parece ser realizable.

En tanto el ser humano no se investigue a sí mismo, para descubrir lo que él es realmente, se conocerá solo exteriormente. Por consiguiente, no se conoce. Quien no se conoce a sí mismo, solo quiere confirmarse en el mundo y así crea una causa tras la otra.

Sin embargo, el ser humano es un ser cósmico que lleva en sí un cuerpo espiritual que es denominado alma. El alma no se puede medir ni pesar, porque es solo espiritual y no está en una relación vibratoria con la energía material.

La Ley eterna, es decir, la vida que actúa detrás de la materia, detrás del mundo tridimensional, se manifiesta solo a aquel que se examina primero a sí mismo y reconoce quién y qué es. Aquel que se esmera en realizar las leyes eternas que actúan en el ser humano y en todo lo que existe, y las aplica correctamente en el mundo y en la Tierra, se abastecerá de la Sabiduría divina y encontrará la verdad interna.

Él será entonces el verdadero investigador, un místico auténtico, que, por medio del cumplimiento de las leyes divinas, penetra en lo profundo de su consciencia y de allí recibe la intuición y la revelación para hacer por los seres humanos y la Tierra aquello que sería necesario para que la Tierra sane, y también la humanidad, para que la paz se extienda por el mundo, en vez de odio, envidia, discordia y guerra.

El ser humano es un prisionero de su ego y de su consciencia limitada

Dios es energía. Dios es fuerza atómica espiritual; el ser humano la puede investigar y ella puede actuar a través de él.

Si la energía de Dios actúa en el ser humano, irradia a través de él e influye a través de él para el bienestar de muchos.

Si el ser humano falta en contra de las leyes terrenales, es sentenciado a un castigo, ya sea a una multa o a prisión en una cárcel. Quien no está con Dios, está contra Dios. Él «esparce y amontona bienes» para sí mismo y para muchos que creen en él y que hacen lo mismo o algo parecido.

Lo mismo vale para el alma y el ser humano cuando faltan en contra de la Ley eterna: La consciencia del alma disminuye. Es recubierta por el ego humano. El ser humano es egoísta. El ser humano es por lo tanto un prisionero de su propio yo. Este estar prisionero de su propio ego del ser humano, son los barrotes de la reja a través de los cuales mira y ve solo aquello que él considera como correcto, bueno y verdadero. El ego del ser humano ve al mundo así como el ego se ve a sí mismo y como se manifiesta en el mundo. De esta manera el hombre mundano organiza su mundo e influye así en su medio ambiente.

Cuanto más intelectual sea cada uno, más estrecha es su consciencia. Él es un prisionero de su ego.

La clase dirigente de los pueblos, así como los científicos y teólogos, tienen que cambiar. En tanto se tiendan la mano para ayudarse y se apoyen con afán mundano, los pueblos mismos y cada persona lograrán poco en la Tierra, pues el poder externo los determina.

Son pocos los grandes de este mundo que se esfuerzan por investigar las leyes espirituales y en reconocer las enseñanzas de la vida, a través de las cuales la humanidad podría sanar y liberarse del yugo que se ha echado encima, para así poder evitar su destino. Los seres humanos que están atados al mundo ocasionarán solo dificultades a sí mismos y a sus semejantes. No importa si son científicos o teólogos, ellos no son verdaderos sabios y por eso tampoco los verdaderos místicos que descubren y pueden ver las profundidades de la vida. En tanto no se termine el baile alrededor del becerro de oro, para obtener propiedades, prestigio, dignidad y dinero, tampoco puede mantener y alimentar al ser humano un mundo mejor.

No obstante, una nueva humanidad despertará. Muchos seres humanos cambiarán su forma de pensar. Ellos son los organizadores de la humanidad espiritual que vive en amistad con la Tierra y la ve como un gran organismo vivo dispuesto a servir al ser humano, alimentándolo.

La Tierra, un organismo viviente, es mantenida por medio de la irradiación cósmica. Todo acto contrario a la Ley divina altera la irradiación, crea frecuencias desarmoniosas y perturba el equilibrio de las fuerzas en todas las formas vivientes de la Tierra. Utilización de la energía atómica, movimientos de terrenos, explotación de las riquezas del subsuelo, dislocación del eje terráqueo

El organismo viviente, la Tierra, es mantenido por la irradiación cósmica. Esto precisa, sin embargo, de todas las sustancias de la Tierra que forman el suelo propicio para la irradiación, que entonces penetra manteniendo y estimulando la vida.

Esta es la legitimidad eterna: En todo el infinito no puede cambiar ni formarse nada si no actúa la fuerza eterna, la ley inalterable. Si en la Tierra no se encontrasen las sustancias de determinados metales y minerales, la irradiación cósmica no podría entonces fertilizar al planeta, ni estimular el crecimiento y así tampoco contribuir al aumento de las sustancias en la Tierra. Por eso es un delito muy grande que el ser humano explote la Tierra y realice movimientos de terrenos de un lado a otro. De este modo altera la irradiación cósmica en y sobre la Tierra.

Todo debería crecer orgánicamente, pero el ser humano interviene una y otra vez en la vida. En el pasado hizo cruzamientos y sigue cruzando diferentes variedades de plantas, hizo y sigue haciendo cruzamientos de animales, así como a él le parece. Es innovador y se empeña en producir constantemente nuevos tipos de plantas y animales.

Con el paso del tiempo esto provoca un cuadro de irradiación totalmente diferente, pues también la Tierra, como todos los otros planetas, es una forma de irradiación que está orientada a la vida cósmica, a la irradiación Dios. También el ser humano es una forma de irradiación cósmica. Si altera esta irradiación por medio de pensamientos, palabras y actos contrarios a la Ley divina, enferma. En tanto la persona no cambie ni piense y viva en un sentido cósmico, seguirá experimentando una y otra vez, porque su alma busca aquello que perdió en muchas encarnaciones: la luz, la pureza y la belleza.

Toda forma de actuar que no esté de acuerdo con la Ley divina, altera la irradiación cósmica dentro de la esfera terrestre. Así, por ejemplo, los ángulos y cantos en las casas y también en los muebles rompen la irradiación cósmica. Todo objeto esquinado altera la vibración y el número de vibraciones en sí y, según sea el material, crea frecuencias desarmoniosas en un amplio campo. Visto en general, las fuerzas así transformadas actúan por su parte en el ser humano y en los reinos de la naturaleza. También los llamados rascacielos, que tienen el objeto de prestar un servicio al ser humano, –los habitantes de la Tierra crecen en número y el terreno para construir es cada vez más caro– liberan vibraciones y fuerzas que no solo influyen en la ciudad en la que son construidos, sino también en la atmósfera, la que por su parte tiene efecto en los seres humanos.

Comprende, oh ser humano: Si una balanza se encuentra en equilibrio y tú colocas de pronto un ladrillo en uno de sus platillos, o incluso lo arrojas a él, ¿qué ocurre entonces? La balanza se inclina exageradamente hacia un lado, y si lanzas la piedra al platillo, entonces el aparato se torcerá o incluso se puede partir.

Oh ser humano, comprende: Algo parecido haces tú con tu Tierra. El eje de la Tierra tiene, entre otras cosas, la tarea de mantenerla en equilibrio. Pero ¿cómo actúa el ser humano? Con fuerzas agresivas y contrarias a la Ley de Dios influye en la balanza de la Tierra.

El ser humano tiene algunos conocimientos sobre la irradiación. A pesar de que conoce el peligro que por muchas causas amenaza a la Tierra, como lo es la elaboración atómica, la explotación de minerales y las excavaciones de terrenos, sin reflexionar en ello continúa explotando la Tierra.

También los grandes túneles que atraviesan las montañas, así como los terrenos excavados de las minas de carbón, producen un cambio del eje terráqueo. Como consecuencia de estos masivos traslados de terrenos y piedras se altera el cuadro de irradiación de la Tierra y también su eje.

El ser humano explota los yacimientos de petróleo de la Tierra y los combina con otras sustancias para fabricar diferentes productos que, como él cree, necesita para vivir. ¿Qué utilidad puede prestar un planeta agujereado y en parte excavado? ¿En qué estado se encuentra en realidad la balanza de la Tierra?

Las numerosas causas, grandes y pequeñas, si se las considera en su suma, influyen poderosamente en cada persona. Quien no se esmera en conservar o recuperar en sí la armonía, la consonancia de las fuerzas, sufre por este motivo.

La suma de todas las faltas que se cometen contra la Ley de Dios es la causa de enfermedades, sufrimientos, necesidades, miserias, hambre, pestes, catástrofes y guerras: Lo que el ser humano ha sembrado y siembra, eso cosechará.

El ser humano se esmera en investigar todo lo que aún le es desconocido. Quiere captar lo externo y olvida el punto central, la vida, el Espíritu que mantiene todas las cosas y que lo mueve todo.

Ignorante e irreflexivo, el ser humano efectúa movimientos de terrenos y cosas parecidas, lo cual altera también la estructura atómica de la Tierra. Con ello los átomos materiales reciben entonces una luz de intensidad diferente. Así se altera la vibración de los átomos materiales, que en realidad son los elementos básicos de la Tierra.

Los átomos materiales sostienen la estructura de la Tierra y establecen el contacto con la irradiación cósmica. Si esta está alterada, porque debido a movimientos y traslados de terrenos o a cambios en la estructura atómica se altera el número de vibraciones de los átomos, entonces se producen inevitablemente disonancias en el interior de la Tierra, y sobre ella. Las consecuencias de estas fuerzas desarmoniosas se manifiestan en los reinos de la naturaleza y en el ser humano.

La base de todo lo que existe es, no obstante, el Espíritu. Un átomo material no es otra cosa que un átomo espiritual cristalizado que en el curso de miles de millones de años se fue rodeando de fuerzas de diferente vibración por acumulaciones o alteraciones de la intensidad de irradiación.

Los elementos básicos materiales –no importa cómo los denomine el ser humano, átomos, moléculas o partículas elementales– no son otra cosa que energías divinas degeneradas. La luz se cristalizó debido a sensaciones, pensamientos y actuaciones erróneos. Se la llama materia o sustancia sólida.

Lo que no es eficaz para el ser humano tampoco es provechoso para la Tierra. Y lo que no es provechoso para la vida en la Tierra, tampoco es eficaz para el ser humano. El ser humano es sin más remedio un producto de esta Tierra y por consiguiente idéntico a ella. Si la Tierra está enferma, el producto, el ser humano, también enfermará.

En el ejemplo siguiente tienes que reconocer cómo se comporta el ser humano con la Tierra, con el gran organismo que es su fuente de sustento:

El cirujano transplanta un órgano en una persona, lo que según la Ley eterna es tan ilegítimo como el hacer experimentos bajo y sobre la

Tierra. Después del transplante, el paciente tiene que tomar diferentes medicamentos para que el cuerpo no rechace al órgano extraño.

El órgano extraño es una vibración extraña en el paciente. Tarde o temprano, tal vez después de años, cuando el organismo de esta persona se haya vuelto inmune a los medicamentos, reacciona el cuerpo físico. Surgen dificultades; el cuerpo trata ahora de rechazar al órgano extraño.

En este ejemplo reconoces, oh ser humano, que dos vibraciones diferentes que han sido relacionadas entre sí, conducen siempre a disonancias.

Por lo tanto, lo que diariamente se le administra o se le quita a la Tierra tiene consecuencias en el cuerpo natural, en la Tierra, y en el causante, en el ser humano, que es un producto de la Tierra.

La Tierra, el gran ente terrestre, es maltratada diariamente por el ser humano. En sentido figurado ella posee sus órganos y su aparato circulatorio: los mares, los lagos y ríos, las venas de agua, los campos magnéticos terrestres, el polo norte y el polo sur, los reinos de la naturaleza y otras cosas más.

En sentido figurado esto significa que el ser humano está haciendo constantemente «transplante de órganos» sobre y bajo la Tierra. Los efectos los está experimentando mucha gente a diario en los diferentes continentes.

Cada continente tiene su campo magnético especial, que de acuerdo con sus metales allí acumulados, minerales y riquezas del subsuelo, emite vibraciones que son transmitidas por las corrientes magnéticas a toda la Tierra y a todo lo que vive en ella, a los seres humanos, animales, plantas y piedras.

Si se intercambian enormes cantidades de riquezas del subsuelo entre los continentes y por su parte son transformadas, es decir, preparadas, elaboradas y utilizadas correspondientemente, entonces se altera la intensidad de irradiación de los continentes de los cuales fueron extraídas y en aquellos en los que son almacenadas o utilizadas.

Tú, oh ser humano, has escuchado que las corrientes magnéticas son los soportes de sonido del campo magnético terrestre. Debido a estos sonidos, que, como todo, son vibraciones, se transforma también la estructura de la Tierra. Cada tono influye con mayor o menor intensidad, según sea la potencia y el sonido, en las propiedades y genes de las personas y de los animales. También las plantas y los minerales reaccionan a los sonidos. Todas las transformaciones que se produjeron desde el pensamiento de la Caída de los seres rebeldes y posteriormente en el curso de la condensación del ser humano, las registró y las registra toda la Tierra y también el aparato circulatorio del planeta habitable, las venas de agua.

La humanidad, como también todos los animales del aire, de la tierra y de las aguas, son dependientes de las vibraciones del planeta terrestre. Todo lo que existe reacciona a tonos, colores y formas. Del mismo modo como el ser humano se comporta con la Tierra, así vuelve a él el eco que envía la Tierra.

Extinción de muchas especies de animales y plantas, transformación de los instintos

Debido a la influencia contraria a la Ley divina del ser humano en el cuerpo natural, la Tierra, han desaparecido y siguen desapareciendo muchas especies de animales, desarrollándose por otra parte de nuevo otras formas animales con a su vez otras características. Algo semejante sucede con el reino vegetal. Muchas plantas desaparecen y aparecen otras clases que el ser humano todavía no ha reconocido en el efecto que tienen. La forma de ser del ser humano y sus características influyen en cada época de manera diferente.

La humanidad vive en una Tierra y en una atmósfera terrestre que están en permanente transformación. Las disonancias provocadas por el ser humano, sean colores, formas o sonidos, alteran también el sistema nervioso de aquellos que en su vibración se encuentran en esta frecuencia de irradiación.

A través de Mí el ser humano tiene que elevarse espiritualmente por medio de una forma de ser noble, para que se enriquezca con reconocimiento y vida verdaderos. Como el alma del ser humano no es de este mundo, tanto al alma como a la persona les es posible recorrer el camino de la evolución para abastecerse desde la vida cósmica y poder poseer la Tierra de forma correcta.

Toda disonancia, no importa si procede de la Tierra o viene de la carga negativa del ser humano, repercute de muchas maneras diferentes. Una persona irritada, desarmoniosa, trata de relajarse de muchos modos: por ejemplo mediante mucha comida o bebida, o a través de una sensualidad más intensa. Estos signos y sus consecuencias muestran en su pluralidad un amplio espectro de cosas negativas y aumentan las inclinaciones animales en el ser humano.

El hombre de mundo vive el día inconscientemente, sin pensar en sus semejantes ni en su otro prójimo, las plantas y los animales.

Los ideales y valores superiores le son extraños a aquel que se orienta hacia el mundo y piensa solo en sí mismo.

Como consecuencia de la intervención en las leyes de la naturaleza, se altera también el instinto de los animales, que Yo, Cristo, denomino la vida de sensaciones. Va cambiando de época en época debido a que el ser humano se está transformando constantemente y se somete al modo de pensar de otros.

Especialmente los animales domésticos sufren bajo el tratamiento y los puntos de vista de los seres humanos. De modo especial cambian su forma de vivir, pues el ser humano a través de su acción sobre ellos ejerce también influencia sobre sus genes. Muchos animales son temerosos y agresivos. Su instinto está totalmente orientado hacia lo material y al mundo de pensamientos del ser humano. De acuerdo con la mentalidad y el desarrollo equivocado de miles de años, y también debido a cruzamientos de diferentes tipos de animales, estos adoptaron algunas costumbres de los seres humanos.

Entre las formas puras en los reinos naturales espirituales no existía el impulso de combatirse y devorarse recíprocamente, así como tampoco existen agresiones y hostilidades entre los seres espirituales puros. Es la consecuencia de la condensación de los seres caídos, es decir, del alejamiento de su destino y, por consiguiente, de su degeneración, el que los animales se enfrenten con rivalidad, se combatan y maten, así como lo hacen los seres humanos.

Esto significa que en el curso de su desarrollo muchas especies animales adoptaron, según fueran sus características y propiedades, las mismas inclinaciones que fueron desarrollando los seres humanos. El campo de vibración de muchas especies de animales es semejante al de muchas personas.

Entre los animales también se encuentra la falsedad del ser humano. El pájaro cucú, por ejemplo, pone sus huevos en un nido ajeno, y la urraca devora los huevos de otros pájaros. Estos dos ejemplos no son los únicos de este tipo. La falta de amor del ser humano, que no conoce límites, reina ahora de forma semejante en todo el reino animal.

La perturbación de los campos magnéticos, es decir, de los potenciales de energía, conduce en todas las formas de vida a las enfermedades más diversas

Toda forma de vida tiene, según sea su desarrollo espiritual, su propio potencial de energía, un campo magnético. Tanto los seres humanos como también animales, plantas y piedras irradian el grado de consciencia que corresponde a su potencial de energía. A esta toma de consciencia el ser humano la llama irradiación del grado de consciencia o aura.

Solo el ser humano cambia su aura. De acuerdo con su forma de sentir, pensar y actuar varían sus colores y formas.

Como consecuencia del comportamiento erróneo del ser humano ante su prójimo humano y su prójimo animal y vegetal, y visto en general, también con respecto al planeta terrestre, el campo magnético de la Tierra y las corrientes magnéticas están constantemente alterados. De esto resultan también en el ser humano diferentes tensiones en su campo magnético. Así también los animales, las plantas y todas las otras formas de vida sufren bajo las disonancias del campo magnético de la Tierra. Posteriormente, estas disonancias provocan otras tensiones contrarias a la Ley divina en seres humanos y animales.

Si el campo magnético está perturbado y las disonancias en los campos magnéticos de seres humanos y animales se acentúan, esto repercute en los genes humanos y en los del mundo animal. Esto conduce a las enfermedades más diversas.

El papel del sistema nervioso en la gestación de enfermedades y golpes del destino

El plexo solar, un complejo nervioso central en el ser humano, es un importante punto de contacto en el sistema nervioso. Puede ser influido considerablemente. Si además del sistema nervioso esta central de contacto es afectada por diferentes disonancias, las consecuencias pueden ser enfermedades y golpes del destino.

Las disonancias se producen, por ejemplo, por sonidos, por colores fuertes u oscuros, por pensamientos de odio, de envidia, por peleas, por pensamientos meditabundos y sin sentido, por problemas y preocupaciones graves, por cavilar sobre asuntos del pasado, por no poder perdonar o por otras dificultades que el ser humano no puede dejar.

Quien se deja llevar por sus pensamientos y deseos, quien se ocupa diariamente de sus problemas, pierde la orientación hacia lo noble y bello; se ve solo como una persona que es incomprendida y sufre. En este estado apático e irritado acoge muchas vibraciones contrarias a la Ley divina, pensamientos negativos que en muchos casos son el motivo de que en su interior se haga efectiva una carga que se manifiesta dentro o fuera de la persona como enfermedad o golpe del destino.

Los efectos no dependen del aspecto psíquico, sino del anímico, porque el sistema nervioso, la red que une el cuerpo con el alma, se contrae, lo que disminuye la fuerza vital. Esto produce un acentuado movimiento anímico y bajo ciertas condiciones libera cargas, es decir, causas anímicas que se manifiestan como efecto en el cuerpo.

El sistema nervioso, denominado también red nerviosa, es de importancia decisiva en la gestación de malestares, enfermedades y golpes del destino.

Las corrientes magnéticas y su relación con el ser humano. Efectos curativos y dañinos de los rayos solares

Como ya ha sido manifestado, las corrientes magnéticas son las portadoras de sonido del campo magnético terrestre. Si el campo magnético de la Tierra está en desarmonía, también están alteradas las corrientes magnéticas. Esta interacción, una vez armonía, después desarmonía, provoca también en el ser humano que las corrientes magnéticas terrestres sean unas veces curativas y otras veces dañinas para él. Todo depende solamente de cómo vibren el alma y la persona, de las condiciones en que esté su campo magnético

Debido a que en esta Tierra todo es relativo, la forma de pensar y de vivir de cada uno determina si las fuerzas magnéticas influyen en él y de qué modo lo hacen. Las resonancias de las corrientes magnéticas son diferentes en cada estación del año, cada día, incluso cada hora. Por eso también influyen –de acuerdo con su vibración– de forma diferente en los seres humanos y en los reinos de la naturaleza.

A las disonancias de las corrientes magnéticas están sometidas solo aquellas personas que son desarmoniosas, pues sobre lo igual actúa solo lo que es su igual. Una persona armoniosa, que está orientada espiritualmente, acoge por el contrario cada vez menos disonancias. En el curso de su transformación espiritual le es incluso posible influir positivamente en las vibraciones contrarias a la Ley divina o neutralizarlas.

A pesar de que a raíz de frecuentes transformaciones –que son la consecuencia de las múltiples influencias del ser humano– las corrientes magnéticas de la Tierra pueden transmitir resonancias muy contrarias a las leyes de Dios, determinadas frecuencias ejercen a pesar de ello una acción curativa en personas que tienen una actitud correcta y positiva ante la vida.

Las personas que mantienen un contacto positivo con los reinos de la naturaleza, pueden cargar su propio campo magnético con las fuerzas positivas de las corrientes magnéticas terrestres. Sobre todo en las horas de la madrugada, cuando el Sol ilumina la Tierra con sus primeros rayos, las fuerzas positivas de las corrientes magnéticas son especialmente curativas. En estas horas tempranas del día están más enriquecidas con la fuerza que alienta la vida, con la fuerza vital y curativa, porque en la parte de la Tierra donde es de noche las vibraciones negativas, los numerosos pensamientos, palabras y actos contrarios a la Ley divina, propios del ser humano, disminuyen mientras la persona duerme. Cuando todo se calma, la fuerza espiritual, la fuerza que alienta la vida, fluye más intensamente hacia la materia.

Alrededor del mediodía las corrientes magnéticas conducen más partículas solares a la Tierra. Estas no solo traspasan al planeta, sino también a los seres humanos, porque ellos son parte de la Tierra. La absorción consciente de este portador de energía es aconsejable solo cuando la persona no se expone directamente a la intensa irradiación solar. El calor del mediodía no es bueno para los nervios humanos. El exceso de partículas solares puede producir bajo determinadas circunstancias una gran inquietud. Una intensa irradiación del Sol crispa el sistema nervioso y provoca inquietud en el cuerpo. Tiene un efecto de lastre que carga a la glándula tiroides en el cuerpo del ser humano, lo que por su parte produce diferentes alteraciones en el organismo humano.

En lagos, ríos y mares pueden recibirse muchas partículas solares. Pero si hace calor debería buscarse refugio en la sombra. En las horas de calor intenso hay también en la sombra muchas partículas solares. Si estas se absorben correctamente, es decir, si la persona permanece en la sombra, entonces fortalecen el campo magnético del ser humano y estabilizan su aparato circulatorio.

Animales dañinos, parásitos, bacterias y virus son productos del comportamiento erróneo de la humanidad

Los cambios constantes del campo magnético terrestre producen también clases de animales que el ser humano llama animales o insectos dañinos o parásitos. Estas formas de vida perjudiciales y fastidiosas para el ser humano no son otra cosa que engendros de la forma de pensar y actuar humana pecaminosa, es decir, una consecuencia del comportamiento erróneo del ser humano. Ellas son traspasadas y vivificadas por los campos magnéticos. El medio en el que se forman los parásitos son los montones de basuras, las aguas contaminadas, pantanos radioactivos, estaciones de depuración de aguas residuales, lugares afectados por la irradiación de reactores atómicos, residuos atómicos, desagües y cosas parecidas.

El cuerpo humano es un cuerpo mental. Así como el ser humano siente, piensa, habla y actúa, así es él y de igual modo influye en su medio ambiente. De acuerdo con su forma de pensar y de actuar contribuye también a determinar su época. Cada persona organiza y forma su medio ambiente y el género humano su época. La forma de pensar y actuar del ser humano impone su característica al tiempo, al mundo, a la conducta de los pueblos.

El ser humano mismo crea los animales dañinos, los parásitos ya mencionados, por medio de su comportamiento equivocado, por su forma de pensar y actuar contraria a la Ley divina. Así, igualmente las bacterias y los virus dañinos son producto de una conducta errónea practicada por la humanidad, eventualmente en el curso de numerosas épocas.

La relación entre el alma encarnada y la época respectiva. Influencias de colectivos de almas

Todas las formas de pensar y actuar humanas se manifiestan como sigue: Según sea su carga, el alma vuelve a encarnarse en un cuerpo terrenal, en un cuerpo humano, tantas veces como sea necesario hasta que haya pagado en su mayor parte su culpa. Una gran parte de su antiguo comportamiento erróneo –reacciones, inclinaciones y deseos humanos negativos– los puede traer otra vez a este mundo en una nueva encarnación. En la época en que se encuentra en un nuevo vestido terrenal, se manifiesta entonces, según corresponda a su carga, aquello que caracteriza a esa época. En las culpas del alma reencarnada actúan además fuerzas como la crónica atmosférica o formas mentales iguales o parecidas de personas de carácter semejante. Ellas estimulan las reacciones e inclinaciones, los deseos y pasiones que en esa época determinarán a muchas personas.

Puede ser que el alma reencarnada, en la que se manifiestan e irradian determinados deseos, anhelos, reacciones e inclinaciones, pertenezca a un grupo de gente que anhela lo mismo. Si ella, que ha sido tocada ahora por estas fuerzas invisibles, pertenece a este grupo o masa que tiene las mismas intenciones, es parte de un karma de grupo que une a estas personas que tendrán que solucionarlo juntas en este mundo.

Por eso siempre se manifiestan dos polos contrarios en este mundo: unos quieren, por ejemplo, el átomo como fuente de energía y armas atómicas, porque en vidas anteriores se ocuparon eventualmente de ello y tal vez prepararon ya el terreno para esta época. Otros no quieren energía atómica. En las vidas anteriores ya se opusieron a ella. Ellos quieren la energía natural que la Tierra da en abundancia a los seres humanos que la reconocen y la saben aprovechar.

O bien unos quieren apoyar a la organización Iglesia porque en vidas anteriores fueron tal vez papas, cardenales, obispos, sacerdotes, laicos o seguidores de este credo. Otros quieren por su parte ayudar a que se manifieste el Espíritu Libre y seguir al Nazareno, sin dogmas ni ritos eclesiásticos. Ellos consideran solamente Su enseñanza como medida para su vida.

O los unos quieren este gobierno y los otros uno diferente, según sea la mentalidad que han traído las almas.

Todo esto y mucho más se manifiesta en el nivel material, en la escuela terrenal del alma.

El proceso de limpieza del alma en los niveles de purificación es más doloroso

Las esferas en las que viven las almas desencarnadas están marcadas por ideas, deseos, pasiones, inclinaciones e intereses semejantes a los que las almas llevaron desde la Tierra.

Allí viven y actúan las almas dormidas y que siguen concentradas solo en la materia en un estado de ensueño. No pueden crear nuevas causas porque su vida y su actuación transcurren solo en su mundo ilusorio y nada se hace realidad.

En el reino de las almas las enfermedades, los sufrimientos y las preocupaciones se manifiestan como imágenes que provocan dolores y remordimientos de conciencia al alma. En el Más allá el alma vive en todos sus detalles aquello que ha causado. En el mundo material, las causas que en el reino de las almas se manifiestan como imágenes y estados dolorosos, se muestran como enfermedades, sufrimientos y golpes del destino.

En la Tierra reina un tiempo de misericordia más intenso: Al alma encarnada le es posible transmitir parcial o totalmente sus sufrimientos al cuerpo. Por eso en la Tierra, en el cuerpo material, la purificación del alma se puede llevar a cabo mucho más rápidamente que en el Más allá, porque durante la encarnación son dos cuerpos los que sobrellevan la carga: el alma y el cuerpo material. Además, en el tiempo y en el espacio la misericordia alivia, neutraliza y evita muchas cosas.

En los reinos de las almas no hay ni tiempo ni tampoco un segundo cuerpo. Allí la purificación del alma es mucho más dolorosa y tarda ciclos más largos. Esto significa que el alma vuelve a vivir con todo detalle su comportamiento erróneo hasta que aprende a reconocerse en él y por medio del arrepentimiento, pidiendo perdón y perdonando lleva a cabo lo que tiene que hacer para que desaparezcan las imágenes, todo lo que sucedió y con lo que vive implicada directamente.

En el cuerpo terrenal son a menudo solo recuerdos de sucesos desagradables de los que frecuentemente la persona no se acuerda con detalle, o es una enfermedad que tiene que sufrir, en la que, sin embargo, se le puede ayudar, aunque sea con medicamentos para aliviar sus dolores.

En el reino de las almas, por el contrario, existe solo un medio para aliviar los dolores: Entrega tu comportamiento erróneo al Señor, la luz sanadora.

La persona absorbe los virus
que en su vibración concuerdan
con la carga de su alma
y con la vibración de su cuerpo

El alma trae entonces a este mundo una parte o todo su equipaje. En el curso de su existencia humana este es tocado por pensamientos negativos iguales o parecidos. Así empieza a vibrar en el cuerpo de la persona haciéndosele cada vez más consciente.

En la mayoría de los casos la persona tiene también una profesión que corresponde a sus aptitudes. Las cargas del alma caen como pensamientos al cerebro programado por una actividad determinada. En este caso el ser humano habla de «intuición» o de ocurrencia. Entonces todo transcurre así:

Primero surgió el pensamiento, después la palabra. El ser humano se acerca a personas que piensan como él y les presenta su idea. Si el prójimo la acepta, entonces tal vez se llega a realizar. Como todo lo que existe en el mundo y ha sido creado por el ser humano solo existe y puede ser mantenido por un cierto periodo de tiempo, después vuelve a desintegrarse nuevamente; para ello existen los montones de basura y las plantas depuradoras de aguas residuales.

Por una ocurrencia se construyeron, por ejemplo, las armas atómicas y los reactores atómicos.

El agua refrigerante contaminada de los reactores atómicos fluye a los lagos y los ríos, luego al mar. El resultado final es una contaminación sin precedentes de toda la Tierra: Mueren plantas y animales, o bien los animales cambian sus genes y las plantas sus características. El agua se transforma en pantano y los montones de basura en incubadoras de los llamados parásitos, virus y bacterias dañinas. Lo mismo o algo semejante se produce en los mares y lagos.

Esto significa que los parásitos, los virus y las bacterias dañinas son la obra del ser humano.

Lo que el ser humano siembra es lo que cosechará. Los parásitos están aumentando. Los insecticidas y también los abonos artificiales exterminan por cierto algunas especies, pero al mismo tiempo la química produce otros parásitos y nuevos virus y bacterias dañinas. Apenas si pueden ser captados e investigados por la llamada ciencia, porque no pueden ser captados por los instrumentos técnicos más sensibles. Son a su vez fuerzas contrarias a las leyes divinas que influyen en los genes y con su vibración en el alma cargada, pues como ya se manifestó, todo es vibración. Producen enfermedades que en su mayor parte son desconocidas para el ser humano de la época actual. Entre ellas hay diferentes tipos de cáncer. Algunas enfermedades cancerosas son transmitidas por virus.

Las predisposiciones para estas clases de cáncer estaban ya como carga en la persona o en el alma de la persona. El medio en el que la persona se va introduciendo en base a más pensamientos y actos erróneos, la hace acoger los virus que en su vibración concuerdan con algunas cargas de su alma. Lo mismo vale para la vibración del cuerpo. Si esta concuerda con determinados virus o bacterias nocivas, entonces el cuerpo las absorbe; se contagia porque en los genes hay algo de vibración semejante.

Por ello es preciso manifestar que determinados tipos de cáncer son contagiosos.

El ignorante combate todas las plagas y peligros. El que posee saber reconoce y lucha contra lo negativo, el enemigo más grande, en sí mismo

Por eso hay que recordarle una y otra vez al ser humano: Observa tus pensamientos. Trata diariamente de llevar a cabo el control de los pensamientos. Entrega lo negativo y actúa según la ley, sembrando amor en vez de odio, sembrando benevolencia en vez de celos y pasiones. Ve siempre el bienestar de los seres humanos y de la Tierra antes que el tuyo. Entonces harás cosas buenas.

De este modo se pueden neutralizar y transformar muchas cosas en tu alma. Lo negativo, o sea lo que resulta una carga, como enfermedades o actos destructivos, es transformado. Permaneces sano o sanas. En vez de obrar destructivamente, te vas transformando en una persona benevolente y bondadosa que respeta y cuida la vida.

Lo mismo que el ser humano siembra en sentido negativo y que después tiene que cosechar como efecto, también lo puede sembrar en sentido positivo. Entonces la consecuencia es un mundo intacto y sano, en el cual viven personas apacibles que fomentan el bienestar de todos y trabajan por ello, esto es, por la paz en este mundo.

La persona ignorante combate todo lo que le parece ser una plaga o un peligro. Pero en realidad, ella misma es la causante de las plagas y peligros. Se tendría que combatir entonces a sí misma; es decir, reconocer sus propios deseos, anhelos, inclinaciones e inquietudes y entregármelos a Mí, el Cristo. Yo Soy la fuerza positiva que transforma lo negativo e ilumina este mundo y le da paz por medio de personas positivas que están en consonancia con lo divino.

Pero como cada ser humano siempre se considera «el mejor», entonces le declara la guerra a su prójimo.

Solo cuando el ser humano reconozca que él mismo es el causante de todos sus sentimientos, sensaciones, pensamientos, inquietudes e inclinaciones positivos y negativos, se observará a sí mismo y combatirá en sí mismo aquello que hasta ahora creyó ver en su prójimo.

El prójimo ante el cual el ser humano se altera es solo su espejo. En su embriaguez mundana muchos no se reconocen, y por eso tampoco ven en sí mismos al enemigo más grande, que destruye la vida de la Tierra, la de su prójimo y, por último, su propia vida. En tanto cada uno no se combata a sí mismo, ennobleciendo su carácter, procederá en su relación con los demás una y otra vez en contra de lo que en realidad él mismo es.

Por esto el ser humano mismo es el animal dañino: él es el virus y la bacteria dañina. Pues él es el causante de todo aquello que influye destructivamente en el mundo.

La irradiación del ser humano muestra cómo está constituida su alma –y muestra quién es él

Las personas ignorantes cuidan solo su envoltura externa, el cuerpo terrenal, pero rara vez se preocupan de sus pensamientos.

Las numerosas disonancias humanas influyen constantemente en el sistema nervioso del ser humano, el cual constituye la red de comunicación con el alma. A través de un sistema nervioso crispado, Mis fuerzas curativas y vitales fluyen solo limitadamente al cuerpo de la persona. Esto provoca la aparición de cargas del alma y el debilitamiento de los órganos del cuerpo.

El sistema nervioso registra en todo momento las sensaciones, los pensamientos, las palabras y los actos. Cada desarmonía externa que puede penetrar en el interior del ser humano, porque allí hay resonancias iguales o parecidas, produce alteraciones en el cuerpo. El resultado es una contracción más del sistema nervioso.

Las consecuencias son cansancio, desaliento, apatía, desavenencias y peleas. El ser humano ya no es el dueño de sus fuerzas. Las consecuencias posteriores son golpes del destino y enfermedades.

Por lo tanto, lo que está contenido en el alma, la luz y la sombra, puede ser despertado o acentuado desde el exterior por medio de bullicio, pensamientos negativos, determinadas formas mentales, virus, bacterias dañinas, hostilidades y peleas.

El efecto se manifiesta en el cuerpo, según sea la intensidad de lo que existía y existe en el alma.

Cada célula del cuerpo tiene una consciencia espiritual, así como un consciente y un subconsciente. A través de la consciencia espiritual de la célula fluyen las fuerzas a toda la conformación celular, abarcando los órganos y todo el cuerpo. La membrana celular transmite tanto las fuerzas positivas como también las negativas. Entre otras cosas determina el grado de vibración del ser humano. Por lo tanto, así como el ser humano vibra, así es él. Sus sensaciones, pensamientos, emociones e inclinaciones, sus pasiones, todo lo que él mueve diariamente, también sus enfermedades, sus malestares, preocupaciones y necesidades, todo eso constituye su frecuencia anímica.

Por ejemplo, cuando la persona comete una y otra vez el mismo error, estas vibraciones negativas son registradas por la consciencia espiritual de las células del cuerpo. La consecuencia de esto es que las partículas del alma se ensombrecen. De este modo se forma entonces una culpa en el alma, en las partículas del alma.

En las partículas del alma los átomos espirituales forman el campo de resonancia. Partiendo del sistema nervioso, el campo de resonancia del alma empieza posteriormente a vibrar. El alma empieza entonces a vibrar y acoge las vibraciones de los sentimientos, sensaciones y pensamientos. Se contagia con lo humano negativo.

Lo mismo ocurre con las fuerzas positivas. Si el ser humano es armonioso, equilibrado, si es altruista y ya no gira solo en torno a sí mismo, estas fuerzas positivas fluyen al alma. Allí producen armonía y paz. En este equilibrio interno, en la armonía y en la paz, el Espíritu de la vida puede transformar o eliminar parcialmente más de una culpa, que a raíz de seguir pensando negativamente, podría haber atacado al cuerpo.

Toda vibración, tanto la positiva como la negativa, que el ser humano intensifica repitiendo siempre los mismos pensamientos, las mismas palabras o acciones, tiene el correspondiente acceso al alma, es decir, al libro de la vida. Según como sea la forma de vivir de la persona se modifican así los átomos espirituales en el alma, en las partículas del alma. Las fuerzas de lo que constituye la esencia de cada átomo espiritual se orientan, cuando se vive positivamente, hacia el núcleo primario del alma, hacia su núcleo divino, que es el corazón del ser espiritual.

Si la persona vive negativamente, creando una causa trás de la otra, los átomos espirituales se apartan cada vez más del manantial original que da la vida, del núcleo divino del alma, del corazón del ser espiritual, y se orientan hacia vibraciones mundanas. Debido a esta inversión de la polaridad de lo espiritual a lo mundano, a lo humano, las partículas del alma se ensombrecen, puesto que ellas siempre son plasmadas de acuerdo con la forma humana pecaminosa de sentir, pensar, hablar y actuar. Esos son procesos espirituales que la persona no puede medir ni pensar.

Las emisiones e irradiaciones del alma, todo aquello que está registrado en ella, forman las envolturas del alma. Las envolturas del alma determinan la estructura del ser humano. Esta es delicada o burda, según sea lo que hay en las partículas del alma: impureza o pureza, sombras o luz, atadura o libertad, cosas humanas o divinas.

El aspecto exterior del ser humano refleja su alma: o bien lo bello y puro – o lo sombrío, lo poco agraciado hasta lo feo. Una persona bonita no es necesariamente una persona hermosa. Bonitas pueden ser muchas personas. Pero si llegan a ser bellas y permanecen siéndolo, eso lo determina la persona ya en su juventud.

La figura exterior de una persona, la apariencia, por ejemplo lo hermoso y noble, la gracia y el equilibrio, son los verdaderos atributos del alma. Lo que el alma saca a la luz no es el florecimiento breve de la juventud, lo bonito. Eso es corporal. Sino que la irradiación del ser humano es la que muestra cómo esta constituida su alma, y por último, quién es él.

El comportamiento erróneo del ser humano altera las funciones de los campos magnéticos terrestres y de las corrientes magnéticas

Una cosa influye en la otra y por su parte refleja aquello que ha sido pensado o llevado a cabo por el ser humano.

Así, por ejemplo, las sustancias químicas que se agregan al suelo y al agua alteran el campo magnético terrestre, que es el espejo de la Tierra. Cuando el ser humano agrega a la tierra sustancias químicas artificiales, altera el reflejo del campo magnético, y en última instancia las corrientes magnéticas.

El Sol y los planetas que lo rodean irradian a la Tierra, el planeta en que viven los seres humanos. Ellos penetran con sus fuerzas en el ser humano y en la Tierra.

Si los campos magnéticos terrestres, en conjunto denominados «campo magnético terrestre», no están orientados como corresponde hacia la irradiación del Sol y los planetas, porque los espejos, los campos magnéticos, están opacados y en parte disgregados, la Tierra genera constantemente nuevos valores y también otros animales, plantas y formas.

Los campos magnéticos tienen numerosas funciones. Entre otras cosas provocan la fecundación de los animales e influyen en ellos.

De forma semejante a como actúan sobre el mundo animal, ejercen también influencia sobre los llamados animales dañinos: los parásitos y todas las formas de vida que han nacido debido al comportamiento erróneo de los seres humanos; pues estas reaccionan especialmente a las disonancias de las corrientes magnéticas. Esto vale también para los virus y las bacterias dañinas.

Cuanto más crece el potencial de fuerzas negativas, más grande es la influencia de las disonancias de las corrientes magnéticas en los parásitos, virus y bacterias malignas, y también en los seres humanos y los animales.

Todos los demás actos incorrectos del ser humano, que hay que atribuirlos a otros comportamientos erróneos de cada individuo y de la masa de individuos, crean también causas en el alma. Estas se manifiestan tarde o temprano en el cuerpo, o bien en los ámbitos de purificación.

Algo más sobre el significado del sistema nervioso. El campo de resonancia del cuerpo. El crispamiento del cuerpo bloquea el fluir de la fuerza vital

Justamente el mundo mental del ser humano es el complejo decisivo que lo aligera o lo ensombrece, según sea como él sienta, piense, hable y actúe.

La persona desarmoniosa influye así constantemente con sus actos contrarios a la Ley divina en su sistema nervioso, que constituye la red de comunicación con el alma. Ella crispa los finos nervios vitales a través de los cuales y por los que fluye la fuerza espiritual, la vida, que quiere mantener al cuerpo sano y pleno de alegría.

Debido a la ignorancia de muchos sobre el poder de los pensamientos, el cuerpo se va atrofiando a pesar de cuidados externos; y también el alma, la estructura espiritual del ser humano, el libro de la vida, se ensombrece cada vez más. El alma registra en sí todas las emociones y tendencias de la persona, sus sensaciones, sus pensamientos, así como todos sus procesos internos y externos.

Si el sistema nervioso está crispado, fluye entonces menos fuerza vital en el cuerpo. Esto hace que la persona cree nuevas causas o que se manifiesten cargas anímicas, porque ella ha descendido a ámbitos de vibración que hacen activas las culpas del alma.

En cada célula del cuerpo se encuentran el estado consciente, el subconsciente y la consciencia espiritual. Si el sistema nervioso, el campo de resonancia del cuerpo está crispado, es decir, en desarmonía, la fuerza eterna de la vida, la consciencia espiritual, puede alimentar solo débilmente a las células. Esto provoca entonces que, tanto en el consciente como en el subconsciente de las células, penetren fuerzas contrarias que paralizan la función de los grupos celulares. De esto resultan por su parte enfermedades, malestares y golpes del destino, que se anuncian y manifiestan de innumerables maneras.

Por lo tanto, el sistema nervioso registra a cada instante las sensaciones, los pensamientos, las palabras y actos del ser humano, y también las resonancias del medio ambiente, tanto las vibraciones positivas como las negativas. Si la persona está orientada hacia la materia, tomará de ella las numerosas y variadas vibraciones contrarias a la Ley de Dios, contagiándose con ellas. El resultado es la crispación más acentuada del sistema nervioso, de lo cual pueden originarse otros malestares, enfermedades o golpes del destino.

La relación equilibrada de las fuerzas entre el reino animal, vegetal y mineral, el equilibrio ecológico, es imprescindible para la vida del ser humano

Con el tiempo, el ser humano no puede vivir sin la relación sana y estable entre seres humanos, animales, plantas y también minerales, pues él depende de la relación de las fuerzas entre el reino animal, vegetal y mineral.

Las esencias de la vida animal, vegetal y mineral son fuerzas cósmicas que están en armonía en la unidad con las fuerzas del infinito. Si el ser humano actúa en contra del mundo animal, vegetal y en contra del reino mineral, entonces viola la ley de la unidad, de la armonía. Quien infringe la ley universal de la armonía se aparta de la corriente inmediata, de Dios, de la vida.

La vida es Dios. Y Dios es unidad.

Quien viola la ley universal de la unidad consume cada vez más sus fuerzas físicas, que él se afana en conservar por medio de alimentos y estimulantes. La consecuencia es sufrimiento, enfermedades, necesidades y reveses del destino. De esto resulta por otra parte la extinción del mundo animal y vegetal y el retroceso del ser humano a la Edad de piedra, en la que su sustento le exige un gran esfuerzo.

Lo que el ser humano destruye voluntariamente, desaparece con el tiempo exteriormente. Van disminuyendo aquellos animales que aportan un cierto potencial de fuerza que contribuye al equilibrio ecológico. Las plantas medicinales, que también como irradiación contribuyen a la curación de seres humanos y animales y a la purificación de toda la atmósfera, están contaminadas con la energía atómica y desaparecen. Solo quedarán las piedras. ¿Qué puede hacer el ser humano con ellas? Muy poco.

Esto significa que en el transcurso de las épocas, después del Reino de Paz, el género humano desaparecerá y en el transcurso posterior la Tierra será llevada a la erupción y expansión. La consecuencia siguiente es entonces la evolución hasta transformarse en sustancia sutil.

Este ha sido solo un breve resumen de lo que sucederá en los milenios venideros. La profecía que Yo doy aquí sobrepasa la época del Reino de Paz en la Tierra.

Todo animal tiene de Dios una tarea determinada que contribuye al bienestar de toda la vida. Todo animal creado por Dios tiene una tarea positiva en el plan de la Creación.

A los animales que viven dentro de la tierra, los animalitos pequeños y microscópicos, se les llama limpiadores naturales de la tierra. Ellos airean el terreno, la capa terrestre, y la preparan para acoger las partículas que caen del Sol y de la Luna. También los rayos fructíferos de Venus, Marte, Mercurio, Saturno y de los demás planetas que el Espíritu universal, Dios, puso a disposición del sistema terrenal, pueden entonces llevar a cabo su tarea positiva dentro de la Tierra y sobre ella: A través de las fuerzas elementales fuego, agua, tierra y aire estimulan el crecimiento de las plantas y minerales y contribuyen así igualmente al equilibrio ecológico.

Si la proporción de estos componentes está perturbada, el equilibrio ecológico no está en la armonía universal. La consecuencia es que el ser humano se torna desarmonioso. Los efectos de las causas mencionadas son después enfermedades de todo tipo.

También la contaminación del agua, la fuente de vida del cuerpo humano, conduce a enfermedades

En una gota de agua se encuentran innumerables seres vivos. También esta fuerza vital contribuye al equilibrio de la vida en todo el sistema solar. Estas innumerables formas de vida en las gotas de agua no solo contribuyen a la purificación de los ríos, lagos y mares, sino que con ello también para todo el organismo de la Tierra. También el organismo del ser humano, el cuerpo humano, es limpiado por el agua, que lleva en sí miles de animalitos microscópicos que están previstos para esto. A estas formas de vida Yo las llamo los limpiadores naturales del cuerpo físico.

La relación del ser humano con la naturaleza y con el manantial de la vida, que es el agua, está perturbada. El agua de la Tierra no se ha dado solo para la limpieza y el regadío del suelo, sino que también al cuerpo humano, a sus células, a la sangre y a los órganos. Los innumerables seres vivos en el agua, los microbios, ayudan a la limpieza y depuración de los intestinos humanos –y de los animales– y reconstituyen la flora intestinal. El agua curativa está destinada para todos los elementos básicos del cuerpo.

El ser humano está constituido en su mayor parte de agua. Él es dependiente de la Tierra y de sus fuentes, del agua. Si las fuentes de la Tierra, el agua, están contaminadas, si ya no están en condiciones de darle a la persona sustancias sanas y reconstituyentes, entonces también el ser humano enferma. Si los animalitos del agua, los microbios, han sido exterminados por medio de sustancias químicas, de contaminación atómica y cosas parecidas, entonces el agua es un líquido sin vida, que si bien todavía le sirve a la persona para lavarse exteriormente, ya no puede restablecer ni fortalecer ni vivificar sus órganos.

Por lo tanto, las causas que conducen a malestares, enfermedades y reveses del destino son muy variadas.

El ser humano pertenece como ser cósmico a la unidad divina. Lo que él le hace a otra foma de vida se lo hace a sí mismo

Medido con el infinito, el cuerpo humano existe solo un instante o algunos instantes. Sin embargo, el alma, el cuerpo etéreo que vive en el interior de la envoltura humana, posee la vida eterna.

En su cuerpo humano, el alma tiene la tarea de limpiarse y purificarse, de investigar las leyes sagradas y luego aplicarlas a sí mismo, a su alma y cuerpo, para poder vivir en la Tierra correctamente y de acuerdo con las leyes divinas.

En tanto el ser humano no viva en paz con su prójimo, tampoco estará en unidad con el reino de la naturaleza y por consiguiente tampoco en unidad con Dios, debido a que Dios lo es todo en todo. Quien no vive en unidad con Dios, está en la ley de Causa y efecto, en la ley causal. Quien viva en esta ley, creará siempre nuevas causas, hasta que despierte en el Espíritu y siga las leyes de la paz, de la armonía y del amor. Las consecuencias que siguen a las causas creadas por los seres humanos son, como ya ha sido manifestado, enfermedades, golpes del destino, necesidades y preocupaciones. El ser humano vive tanto tiempo en este círculo vicioso hasta que reconozca que él es un ser cósmico que pertenece a la unidad divina, al Espíritu universal. Si el ser humano empieza entonces a dejar crecer en sí esta unidad cósmica, conociendo la esencia de la vida, el Espíritu, y reconociéndolo por medio de la realización de las leyes, entonces sanará y por medio de él también la tierra, los ríos, lagos y mares. La ley causal dice: lo que hayas hecho al más pequeño de tus hermanos, Me lo has hecho a Mí, al Espíritu en el alma y en el el ser humano. Dicho de otra manera esto significa que te lo has hecho a ti mismo, pues te apartas del Espíritu de la vida, que es la vida, del ser humano, que es tu prójimo, de los animales y plantas que son tus prójimos de la naturaleza, de la tierra con todas sus formas de vida.

La consecuencia puede ser solo enfermedades, preocupaciones y necesidades.

Vive tu vida conscientemente.
Reconoce –por medio del control
de los pensamientos– la causa a tiempo,
antes de que esta llegue a manifestarse

Ahora deseo hacerles conscientes a Mis hijos humanos una vez más los motivos que originan todas las enfermedades:

Lo que el ser humano siembre de causas es lo que cosechará, a no ser que se arrepienta a tiempo de ellas, es decir, cuando aún son activas en el consciente o como recuerdos en el subconsciente, o bien cuando emergen a la superficie y se manifiestan como pensamientos que no corresponden a Mi Ley eterna.

Para reconocer oportunamente las nuevas causas creadas, es preciso el autocontrol de los sentimientos, pensamientos, palabras y actos.

Todo pensamiento, tanto el positivo como el negativo, trata de hacerse realidad. Cada pensamiento es energía y se busca un canal para manifestar aquello que fue depositado en él.

Cuanto más a menudo se piense un mismo pensamiento, más intenso es su efecto.

Pensamientos, palabras y obras son semillas que caen en el aura, en el el ser humano y luego en el alma. Si no se les reconoce oportunamente, empiezan a crecer, a brotar y a dar frutos que corresponden a su especie.

Si no son reconocidos a tiempo, se van allí donde tienen efecto grandes campos de energía que irradian igual o en forma semejante al pensamiento del remitente. Se van entonces al «reino de los pensamientos» y allí atraen a pensamientos del mismo tipo. Los pensamientos se hermanan a continuación formando un complejo de energía y vuelven al remitente; influyen en él y tratan de provocar aquello de lo que el remitente tal vez tenía miedo.

Cuanto más fuerte es el complejo de energía que ahora regresa, más intensa es su acción en el el ser humano y en el alma. El complejo energético que vuelve encuentra en el ámbito del alma analogías o recuerdos, pues los pensamientos enviados corresponden a los recuerdos o a las analogías del remitente. El complejo de energía influye también en el alma y puede despertar allí otros recuerdos o analogías y hacer que estos tengan efecto.

Si se trata de despertar recuerdos, entonces estos también pueden ser de índole positiva: Por medio de recuerdos de vivencias o sufrimientos se puede ayudar, por ejemplo, a un segundo o tercero que en este momento esté pasando por lo mismo o algo parecido. Todo el infinito consiste en ayudar de forma altruista, porque Dios es amor. Por eso la ayuda altruista es muy variada. A quien pide ayuda, se le da ayuda.

También de los animales, e incluso de las plantas, pueden emanar sentimientos que le piden ayuda al ser humano. Los seres humanos que tienen una relación positiva con los reinos de la naturaleza son atraídos, cuando esto es posible, por las olas de sensaciones de un animal que sufre o por grupos de plantas y árboles maltratados que necesitan ayuda. Pues en todo y por encima de todo actúa el Espíritu. También los espíritus protectores, que les han sido dados al ser humano como apoyo y ayuda, sirven, asisten y guían; a su manera actúan también los seres naturales.

Todo es vibración.

Vibraciones semejantes tratan de comunicarse entre sí, las desiguales se rechazan. Esta es la ley espiritual de la atracción y del rechazo.

Los recuerdos se pueden transformar, sin embargo, otra vez en analogías. Recuerdos que fueron una vez cargas, pero que ya están pagadas, es decir expiadas y que en el ser humano solo producen cosas y sucesos sin provocarle emociones, pueden a pesar de todo transformarse nuevamente en analogías si la persona cede a las olas de pensamientos y su vida transcurre sin control.

Las olas de pensamientos negativos tocan primero suavemente los recuerdos que están en la persona, es decir, aquello que está pagado y saldado. Si esta no está atenta y empieza a reflexionar sobre lo pasado, le da vida a los recuerdos. Así estos se pueden transformar otra vez en analogías, según sea el contenido de los pensamientos y su intensidad.

Esto puede producirse de la siguiente manera: Una persona se acuerda de un suceso y reflexiona mucho sobre él. Hace revivir una vez más el pasado. De este modo, un pequeño aspecto contrario a la Ley divina encuentra acceso a un mundo mental que normalmente es positivo: se produce una excitación pasajera, es decir, algunos pensamientos negativos. Estos son fortalecidos por las olas vibrantes de pensamientos negativos y crean sus correspondientes causas. De esta manera, de un recuerdo puede resultar una nueva analogía, una causa.

Con el paso del tiempo, esta analogía anímica puede hacerse después efectiva también en el cuerpo del afectado. Esto puede suceder de la siguiente manera: al pensar mucho, la persona cae en su vibración a zonas en las cuales están activos gérmenes de enfermedades; estos actúan entonces en ella y provocan ya sea un malestar u otras consecuencias, o una enfermedad, dependiendo de lo que esté activo.

Debido al malestar, se puede pasar por alto, por ejemplo, la fecha de una cita, o esta se olvida simplemente. Esto puede costar tal vez mucho dinero al afectado, o puede tener consecuencias en otra parte. De la causa «un pensamiento descontrolado», que despertó un recuerdo que atrajo a otros pensamientos sin control, se formó una cadena de efectos.

De una persona temerosa emanan, por ejemplo, pensamientos de inquietud. Ellos nacen en parte de una analogía que está en el alma. Son cargas que son activas primero en lapsos breves y que se están preparando para salir. Estos pensamientos siguen el mismo camino anteriormente manifestado: se incorporan a grandes complejos de energía y desde allí atraen al mismo tipo de fuerzas. Se unen y del reino de los pensamientos vuelven al remitente. Se instalan paulatinamente en su aura, según cuán a menudo haya pensado o piense la persona en lo mismo o algo parecido, y actúan de afuera hacia dentro tanto en la persona como en el alma. Se hace entonces realidad aquello que la persona temía.

Frecuentemente, en el alma o en el subconsciente hay solo una pequeña analogía, un ámbito de vibración que podría haber sido transformado por medio de pensamientos positivos, sin que la persona lo hubiera tenido que registrar en su cuerpo. Pero como el afectado dejó correr sin control sus pensamientos por el cerebro, es perseguido justamente por aquello que él mismo fortaleció con sus pensamientos. La pequeña analogía, una culpa ínfima o un suceso hace tiempo ya olvidado que estaba en el subconsciente, se intensifican y conduce a consecuencias, por pensar equivocadamente y a menudo en ello.

Si la persona piensa repetidamente en una enfermedad, si la teme, atrae lo mismo o algo parecido. Si habla constantemente sobre sus enfermedades o sus malestares, entonces los acentúa en su cuerpo, pero también en su alma.

Odio, envidia, hostilidad y deseos de venganza también conducen a enfermedades, a sufrimientos y golpes del destino. La causa es siempre la forma errónea de sentir, pensar, hablar y actuar. La consecuencia se produce dentro o fuera del cuerpo, o sucede una desgracia en la cercanía inmediata del afectado. El comportamiento erróneo es por lo tanto la causa. La persona obstaculiza las fuerzas eternas y armoniosas, la ley del amor y de la paz.

Si en la familia hay enfermedades, necesidades, preocupaciones, inquietud, peleas, discusiones, odio, envidia, hostilidades y golpes del destino, la base de ello son siempre causas. Estas vuelven cada vez al afectado mismo. La persona tiene que soportar la causa como efecto. Esta nace, como he manifestado, en la persona o en su cercanía inmediata.

Por lo tanto, lo que el ser humano siembre lo cosechará después, tanto lo positivo, lo bueno, como también lo contrario a la Ley divina, lo negativo, a no ser que él lo reconozca, se arrepienta de ello y lo purifique a tiempo.

Por eso, oh el ser humano, ¡vive conscientemente tu vida!

Cada día te quiere decir lo que tienes que purificar y sobre qué te puedes alegrar de todo corazón.

Los tres aspectos de consciencia en el cuerpo: consciencia espiritual, consciente y subconsciente. Cada órgano es vibración, color y sonido

A cada acción le sigue una reacción. La acción tiene lugar primero en el cerebro, en el modo de sentir y pensar. La reacción tiene efecto en el sistema nervioso y después en las células, órganos, músculos, glándulas y hormonas, es decir, en todo el organismo. En el transcurso posterior las acciones y reacciones en el cuerpo tienen también efecto en el alma.

Los pensamientos también estimulan los sentidos. Los sentidos a su vez ejercen influencia en el sistema nervioso y en la consciencia de las células y órganos.

Cada célula es vida y tiene, como se ha manifestado, tres aspectos de consciencia: la consciencia espiritual, el subconsciente y el consciente. Cada célula pertenece a un conjunto celular, que a su vez posee una consciencia espiritual, un subconsciente y un consciente.

Si los conjuntos celulares están en una vibración elevada, porque a través del alma fluye mucha fuerza espiritual hacia el cuerpo, estos rechazan las energías contrarias a la Ley divina. Se protegen emitiendo señales que la persona que tiene los sentidos despiertos capta y considera también en su manera de pensar y obrar.

El organismo es siempre un espejo de aquello que el ser humano en su tiempo pensó, introduciéndolo en su alma y en su organismo – y cómo y qué piensa él hoy.

Cuando el ser humano piensa y vive positivamente, los conjuntos celulares se orientan hacia la vida elevada, acogiendo también las fuerzas elevadas. Ellos rechazan, sin embargo, las fuerzas elevadas cuando estas están polarizadas negativamente. Por eso a menudo se necesita una preparación del alma y el cuerpo más prolongada, hasta que Mis fuerzas que ayudan y sanan puedan abrirse paso.

Cada órgano es vibración que tiene su color especial. El número de vibraciones y la irradiación de color muestran si el órgano está sano o enfermo.

La vibración y la irradiación del color forman un tono. Con ello cada órgano posee un tono. El tono, también llamado sonido, corresponde al estado del órgano. Todo lo que el alma registra de bello, bueno, noble y puro, aunque también lo no bello, lo cargado, lo oscuro son tonos, esto es, sonidos. A través de los centros de consciencia del ser humano fluyen esas energías, que son melodías, hacia el cuerpo, haciendo de este modo que los órganos vuelvan a vibrar y sonar.

Por ello cada ser humano es un «cuerpo de sonido», una orquesta, según sean sus cargas, su modo de pensar, hablar y actuar. Así como piensa, habla y obra, así irradia y suena. Esto impregna todo su comportamiento. Todo su aspecto externo es una manifestación de sus cargas y de su «melodía de pensamientos».

Todo el universo es sonido, es melodía, es color y forma, pues también las formas de materia sutil son «efectos de irradiación», ya que son cuerpos espirituales irradiables.

Si un órgano está enfermo, emite disonancias en color y sonido. Estas disonancias parten del consciente y del subconsciente del órgano.

O sea que en tanto el consciente y el subconsciente de un órgano estén cargados y emitan señales de enfermedad, el ser espiritual del órgano no puede tener un efecto completo. Esto significa que el Espíritu, el Médico y Sanador interno no puede activarse totalmente para regalar fuerza vital y salud al alma y al ser humano. Ambos aspectos de consciencia, el consciente y el subconsciente de las células, dominan y bloquean la ayuda a través del Espíritu, a través de la consciencia espiritual de la célula, de acuerdo a su carga, su color y su sonido.

Terapia integral

Aquel que partiendo del alma, del Espíritu, desea alcanzar sanación, es decir, quien no solo piensa en la sanación de su cuerpo, queriendo con ello dejar en el alma sus propias cargas, debería esforzarse en cambiar su manera de pensar: en vez de pensamientos negativos, como pensamientos de odio, de temor, de preocupaciones y de desesperación debería tener pensamientos de paz, de esperanza, de confianza, de salud, de amistad y de amor.

Él puede hacer que médicos que saben, que trabajan de acuerdo con las leyes de la vida, reconstituyan su cuerpo. Para alcanzar una sanación profunda es importante que el médico tranquilice el sistema nervioso y tenga con el paciente conversaciones terapéuticas, en las que el paciente reconozca sus dificultades y después de ello se esfuerce en ir superándolas poco a poco. Con ello el consciente y el subconsciente de los órganos, es decir de las células, se tranquilizan; el ser humano alcanza paulatinamente armonía, de modo que el cuerpo se puede preparar para la autosanación a través del Espíritu.

Los médicos con conocimientos se esfuerzan en relajar los nervios del paciente. Deberían tener conversaciones terapéuticas con el paciente para que este pueda reconocer su estado anímico y se esfuerce también en ver sus pensamientos y movimientos humanos pecaminosos como la causa del sufrimiento.

Los médicos también se deberían esforzar en ayudar al que busca sanación, a que este supere sus pensamientos, inclinaciones e inquietudes que le producen perturbaciones y que dañan al organismo. Además, ellos se esfuerzan en apoyar al organismo de tal modo que la persona pueda desarrollar fuerzas positivas, contribuyendo así a que su organismo sea estimulado para la autosanación a través del Espíritu.

En las charlas terapéuticas de los médicos y a través de conversaciones espirituales que conducen al autorreconocimiento, las contracciones y los encadenamientos de pensamientos se desprenden de las capas del consciente y del subconsciente, siempre que el que busca sanación esté dispuesto a aceptarlo y a colaborar él mismo en ello.

A través del autorreconocimiento y de la entrega de lo reconocido a Mí, el paciente se tranquiliza; poco a poco se encuentra a sí mismo, así como la armonía deseada, que entonces permite a la consciencia espiritual de los órganos afectados traspasar de forma más intensa los rayos sanadores de la sustancia material, al órgano y al organismo sano.

Esta es la sanación completa, global: el alma se purifica de sus cargas y el cuerpo sana. Si entonces la consciencia espiritual, el consciente y el subconsciente de las células están en armonía, la consecuencia pueden ser alivio y sanación, a través de Mí, el Médico y Sanador interno.

La sanación exclusiva del cuerpo nunca debería ser forzada. Una sanación perfecta es realizada solo por el Espíritu a través del sistema nervioso y de la consciencia espiritual de cada célula

Debido a la actitud equivocada del ser humano ante la vida, la fuerza vital espiritual se reduce tanto en el alma y en el cuerpo, que el organismo posee muy poca energía para vivir. Si el consciente y el subconsciente de las células están muy cargados, es decir, si tienen una vibración muy baja, el órgano enfermo no puede ser sanado a través del alma por el Espíritu. Los medicamentos pueden influir algo en el cuerpo, pero no pueden sanar al alma.

No está en concordancia con la Ley divina que el ser humano se concentre solo en su cuerpo y trate de sanarlo con todas las posibilidades que se le ofrecen. Quien desee forzar la sanación por medio de medicamentos, y aunque le parezca que la ha forzado porque se siente otra vez bien, ha adormecido solamente la consciencia del órgano afectado y vuelto a reprimir la culpa del alma que tal vez estaba por salir. La nueva culpa creada por un comportamiento así o uno semejante tiene sus consecuencias, si ya no más en esta encarnación, en una de las encarnaciones posteriores.

Tanto el médico como el paciente no deberían querer forzar una sanación. El médico debería esmerarse ante todo en armonizar y fortalecer el sistema nervioso y en ayudar a los órganos con medicamentos provenientes de la naturaleza, para que el Espíritu tenga la posibilidad de hacer fluir con más intensidad, a través de la consciencia espiritual del órgano afectado, las fuerzas sanadoras al órgano y a otras partes del cuerpo.

Por consiguiente, el médico se debería esforzar por elevar a todo el organismo a una vibración superior, de modo que las fuerzas positivas puedan actuar. Pero él no quiere conseguir por sí mismo la sanación.

Una sanación sin secuelas solo la puede realizar el Espíritu. Por esto vale lo siguiente: El

Espíritu sana a través del sistema nervioso y de la consciencia espiritual de cada célula. Una sanación perfecta es realizada solo por el Espíritu, Dios, a través del sistema nervioso y de la consciencia espiritual de cada célula.

La armonización de la persona y su orientación a la sanación a través del Espíritu, a través de Dios, se logra por medio de la oración, a través de pensamientos positivos que afirman el restablecimiento, mediante meditación y movimientos armoniosos, así como también a través de la terapia de conversaciones de los médicos, por medio de conversaciones espirituales y ayudando al cuerpo con medicamentos de base natural que tienen que ser prescritos y controlados por el médico.

El poner al descubierto prematuramente encarnaciones pasadas no está en la ley espiritual. Sanación profunda a través del Médico y Sanador interno

De acuerdo con Mis leyes eternas no está permitido que médicos y psicoterapeutas ignorantes, es decir, que no han investigado y por lo tanto no conocen Mi Ley eterna, influyan en las capas profundas del subconsciente y en las envolturas del alma del paciente. Si debido a tales medidas salen a la luz acontecimientos que el paciente no puede superar, que lo hacen reflexionar, lo alteran y le despiertan sentimientos de culpa, y por esto se desorienta, entonces no solo el paciente crea causas en sí mismo, sino que también se carga el médico o el psicoterapeuta ignorante. Ambos entonces, el paciente y el que lo trata, han creado juntos nuevas causas.

Si, por ejemplo, a través de tratamientos psicológicos profundos se ponen al descubierto encarnaciones anteriores, y el paciente sufre a raíz de esto, puede ser que en determinadas circunstancias la consecuencia sean enfermedades. El psicólogo especializado en la investigación de las capas profundas de la psique removió prematuramente una culpa que estaba en el alma, la cual a causa de esto tuvo efecto en un momento en el que el paciente todavía no la podía sobrellevar. El paciente y el psicólogo crean así causas juntos, cuyas consecuencias las tienen que reparar entre ellos eventualmente en una encarnación posterior, según sea la intensidad de la causa. El paciente se hace culpable porque no debe descubrir lo que está aún oculto, y el psicólogo no debe intervenir en asuntos inconscientes que todavía no están maduros para hacerse efectivos.

A menudo tales acontecimientos negativos que están ocultos en el subconsciente, se transforman en fuerzas positivas, porque el ser humano ha empezado a pensar y vivir positivamente en esta vida. Los médicos instruidos espiritualmente y los consejeros espirituales instruidos saben de esto. Por eso no intervienen en las capas más profundas del subconsciente, sino que tratan más bien de conducir al paciente al autorreconocimiento.

Esta es la diferencia entre médicos y psicólogos espiritualmente ignorantes y médicos practicantes, psicólogos y consejeros instruidos espiritualmente por Mí.

Quien se confía al Espíritu e investiga y aplica Mi Ley, obtiene también la sanación a través del Espíritu. Pero quien se confía solo a la carne, puede experimentar bajo ciertas circunstancias alivio o sanación, aunque solo por corto tiempo, porque cada enfermedad guarda en sí una causa profunda; esto significa que la enfermedad no está solo en el cuerpo, sino con frecuencia también en el alma. Por consiguiente, quien se fundamenta en el Espíritu, alcanza la sanación profunda que no se puede alcanzar con una psicoterapia terrenal; esta en todo caso no corresponde a las leyes espirituales, pues, como ya fue manifestado, puede provocar en determinados casos acontecimientos que el paciente no puede soportar.

Ha llegado el tiempo en el que el médico que practica en el mundo en muchos casos ya no sabe cómo ni con qué medios puede aliviar o sanar al paciente. Ha llegado el momento en que cada vez más médicos dan importancia a lo invisible, a aquello que actúa detrás de la materia. Muchos están buscando y tarde o temprano no tendrán otra solución que confiarse al Espíritu, que es el Médico y Sanador interno del ser humano y del alma.

La acción conjunta entre Yo, el Espíritu universal, y médicos que unen la sabiduría divina a su realización, será el estado ideal del tiempo venidero. Pues solo el Espíritu puede ayudar en muchos casos a la persona enferma en el mundo contaminado. En el futuro, las personas llamarán más al Médico y Sanador interno que a un médico adepto a los medios farmacéuticos.

Recomendaciones para quien busca sanación: Forma correcta de pensar y rezar, gimnasia armoniosa, invocación de los órganos, meditación para tranquilizarse, alimentación de acuerdo con la ley espiritual, ritmo corporal armonioso, hablar controladamente

Los primeros pasos que debería dar aquel que busca sanación son los siguientes:

Reconoce que vives eternamente.

Reconoce que no solo tu cuerpo está enfermo, sino que ante todo tu alma está ensombrecida, es decir, cargada, y que esta irradia la irradiación negativa al cuerpo físico, a tu cuerpo, lo cual provoca entonces la enfermedad.

Si esto se te hace consciente, empieza a rezar correctamente. Reza a Aquel que te ha contemplado y creado, al Espíritu universal, a Dios, tu Padre celestial que actúa a través de Mí, Cristo, tu Redentor. Reza concentradamente. Trata de apartarte de todos los pensamientos humanos y reza hacia el interior. Reza hacia el interior de tu cuerpo y de tu alma.

Esmérate una y otra vez en practicar tus oraciones, es decir, vive así como rezas. Esmérate en pecar cada vez menos.

Esfuérzate en no desdeñar más a tu prójimo, de no pensar ni hablar nunca más negativamente de él. Encuentra en él los aspectos buenos y altruistas. Habla sobre ellos y alégrate. Eso provoca en ti pureza, serenidad interna y profunda paz.

Así va desapareciendo lentamente la actitud negativa. En su lugar surgen pensamientos positivos, estimulantes y vivificantes de paz, armonía, dicha, amor, salud, confianza, esperanza y fuerza.

Para que se produzca una transformación tal, que lleve de la forma de pensar ilícita a una forma de pensar y vivir positiva, vivificante, no solo el médico tiene que hacer lo que le corresponda, sino también el paciente. El que busca la sanación tiene que estar dispuesto a orientar su mundo de pensamientos hacia lo positivo y de esta manera a transformar su vida. El paciente y el médico consiguen luego que Yo, el Médico y Sanador interno, pueda actuar más intensamente.

Cuando reces, oh ser humano, deja reposar tus sensaciones y pensamientos humanos. Concéntrate totalmente en la oración, pues la verdadera oración es el diálogo con Dios, tu Señor.

También una gimnasia y una invocación de los órganos armoniosa y equilibrada, y al mismo tiempo la sanación cristiana, o sea la sanación a través de la fe, y meditaciones para tranquilizarte, te ayudan a alcanzar la armonía deseada para que Yo, la Vida universal, a través de la consciencia espiritual pueda sanar tu órgano debilitado y todo tu cuerpo.

Si se alcanza la armonía deseada mediante gimnasia equilibrada y armoniosa, mediante la invocación de los órganos, sanación cristiana y meditación para tranquilizarse, el paciente debería tratar de permanecer en armonía para no obstaculizar la corriente sanadora. Esto significa que él debería pensar cada vez menos en sí mismo y en su enfermedad, sino más bien en desarrollar más las fuerzas positivas y altruistas, que son transmitidas al que busca sanación especialmente en la invocación de los órganos.

En un ritmo así de equilibrio cósmico del alma y del cuerpo, la persona armonizada tomará también conscientemente sus alimentos. Como consecuencia de la armonización del alma y del cuerpo, el paciente que busca sanación reducirá las sustancias dañinas que había preferido hasta ahora, como, por ejemplo, grandes cantidades de carne, nicotina y alcohol, y las podrá ir dejando paulatinamente si continúa elevando su vibración espiritual. Empezará a comer más alimentos que corresponden a la ley espiritual y que la tierra regala en abundancia.

Por medio de una alimentación consciente, es decir, si la persona toma sus alimentos como un don de Dios, se elevará también el potencial espiritual de los alimentos. A la persona conscientemente orientada le fluirán también las fuerzas espirituales, como un fortalecimiento más del alma y del cuerpo.

La armonía universal, Dios, sana. Dios es armonía eterna.

Para llegar al ritmo de la armonía universal, de la consciencia universal, la persona debería cuidar su ritmo corporal.

Quien desee alcanzar o mantener la salud, que se esmere en hacer movimientos serenos, equilibrados. Sin embargo, esto es posible solo cuando el pasado ha sido superado y los deseos y anhelos humanos pecaminosos ya no dominan al ser humano, cuando sus palabras son altruistas y sus actos como Dios quiere.

Solo entonces vive el ser humano verdaderamente. Él vive conscientemente cada día y también lo puede superar. La tranquilidad y armonía internas producen concentración y productividad, hacen reconocer a tiempo debilidades y errores y al mismo tiempo dan la fuerza para vencerlos de forma adecuada. En esta actitud espiritual, el alma y el ser humano permanecen en un ritmo corporal elevado que posibilita el flujo más intenso de la fuerza eterna.

Cuida también tu lengua, oh ser humano. Habla solo lo esencial, y que lo que digas sea noble, bueno y altruista, lleno de comprensión, bondad, tolerancia y amor. Así permaneces en la paz interna.

Hablar mucho y decir muchas palabras innecesarias desgastan la energía del cuerpo y la «batería de la vida que es el alma».

Por lo tanto, no pienses ni hables nunca algo malo sobre tu prójimo.

Pues lo que pienses y hables, tanto lo positivo como lo negativo, vuelve hacia ti.

También en caso de enfermedades contagiosas y de cáncer: la causa es siempre el comportamiento erróneo

Repito, porque es esencial para el alma y el ser humano:

Lo positivo eleva la vibración del alma y del cuerpo. Lo negativo baja la vibración del alma y del cuerpo a ámbitos de vibración en los que actúan frecuencias de pensamientos inferiores que tratan de ejercer influencia en el ser humano.

En los ámbitos de baja vibración tienen efecto también virus y bacterias dañinas. Pueden ser acogidos por la persona que ha caído a estas zonas de vibración. También pueden irrumpir gérmenes aislados de enfermedades que están en la persona, y manifestarse cuando esta degenera su cuerpo energético por medio de pensamientos bajos, de odio, peleas y envidia. Toda enfermedad es una vibración del cuerpo que es contraria a la Ley divina.

Si una enfermedad está muy difundida, es decir si aparece a menudo, entonces pasa poco a poco al plano del contagio. Una enfermedad que aparece cada vez con más frecuencia es un complejo de pensamientos negativos que ha sido transformado hacia lo inferior. Esto se produce así:

Las personas piensan una y otra vez en una misma enfermedad, le tienen temor y contribuyen a que también otros, a quienes escuchan y aceptan sus opiniones, piensen al respecto lo mismo o algo parecido. Provocado por el miedo ante esta enfermedad, se forma en la atmósfera un complejo de pensamientos de gran vibración.

Este complejo de energía actúa en virus y bacterias dañinas, estimula su reproducción y a menudo una transformación, de modo que bajo ciertas condiciones pueden llegar a convertirse en agentes patógenos de cáncer. Por esto es posible que, por ejemplo, el cáncer, el flagelo de la humanidad, sea transmitido por medio de determinados virus y bacterias dañinas, es decir, que sea contagioso.

Este complejo de pensamientos tiene influencia al mismo tiempo una y otra vez en las personas que piensan algo igual o parecido. Estas son así estimuladas a reflexionar más a menudo y más intensamente sobre aquello que de vez en cuando les preocupaba. También de esta manera degenera la vibración del cuerpo humano y llega entonces a zonas de vibración de las cuales nace aquello que la persona temía.

Las predisposiciones para esto estaban en el alma. Pero no se habrían manifestado si el ser humano hubiese corregido a tiempo su mundo de pensamientos, de lo negativo a lo positivo.

Estos complejos de pensamientos se forman también cuando muchos que piensan de forma semejante se ocupan, por ejemplo, de la fabricación de productos químicos, de la investigación nuclear, de la producción de armas y muchas otras cosas más. Que en base a esto el ser humano se dé cuenta de la diversidad con que actúan sus fuerzas negativas, provocando y creando cosas que una persona sola nunca podría captar con su intelecto. Todas estas fuerzas negativas proyectadas hacia la atmósfera producen por su parte una cadena de comportamientos equivocados que conducen, por ejemplo, a la contaminación de los lagos, ríos y mares, o de la atmósfera y de la tierra. A esto hay que agregar también la irradiación atómica, así como la activación de virus y bacterias dañinas y su transformación en gérmenes, que llevan en sí el peligro de contagio de una enfermedad que hasta ahora no era contagiosa, como por ejemplo el «flagelo de la humanidad».

Todo esto junto produce con el paso del tiempo una contaminación de la atmósfera, de las aguas y de la tierra. Así se forman entonces los virus.

Repito: También el flagelo de la humanidad, esto es, determinados tipos de cáncer, se ha vuelto contagioso. Estos virus penetran en la sangre por medio del aire e influyen en el cuerpo de acuerdo con la intensidad que tengan. En muchos casos los resultados son protuberancias, que si no son reconocidas a tiempo, se esparcen y atacan a todo el organismo, célula por célula.

Lo que a menudo estaba solo como predisposición en los genes, por la fuerza de los pensamientos y por influencia del medio ambiente se transforma en virus o en bacteria nociva. En los genes puede estar, por ejemplo, la predisposición para una fuerte pulmonía. Debido al comportamiento erróneo del afectado, a pensamientos de cavilación e indecisos, llenos de odio y envidia, se activa el germen en los genes y ataca al cuerpo. A la persona le da pulmonía: tose, está cansada y corporalmente no se siente a la altura a que había estado hasta ahora. Debido al cansancio la atacan aún más pensamientos contrarios a las leyes divinas, por ejemplo, pensamientos de odio y envidia.

Cavila sobre su pasado y olvida desarrollar pensamientos positivos.

La persona enferma toma medicamentos, pero se enreda cada vez más en sus pensamientos. Analiza una y otra vez el pasado, se enfada con los miembros de su familia, envidia a su compañero por su puesto de trabajo, pelea y discute con su prójimo. De este modo envía pensamientos venenosos. Lo que ella envía vuelve a ella. Todo lo contrario a las leyes de Dios, que vuelve a caer sobre ella, tiene el resultado de que caiga cada vez más profundamente en la vibración de su alma y cuerpo. Así se va acercando en su vibración a zonas en las que están los gérmenes infecciosos. Si llega a estos ámbitos, se infectará, es decir, se contagiará. Ella puede acoger, por ejemplo, los virus en los cuales está latente el germen de la enfermedad que es un azote para muchos seres humanos.

De esta forma, de una pulmonía que podría haber sido curada rápidamente, se produce por pensamientos negativos una enfermedad cancerosa, que es considerada el flagelo de la humanidad. También el miedo a una enfermedad determinada puede provocar la enfermedad que la persona teme, en tanto exista la predisposición en los genes o en el alma. La causa es una y otra vez el comportamiento erróneo. Las consecuencias pueden ser enfermedades, malestares y golpes del destino.

La forma positiva de pensar y vivir fortalece la fuerza espiritual y puede evitar a tiempo algunas cosas

Si no quieres crear nuevas causas para que no se forme nada negativo como, por ejemplo, enfermedades y necesidades, trata de pensar y vivir positivamente. No pienses ni hables nunca mal de tu prójimo. Lo que el prójimo posee, lo que dice, lo que hace, incumbe solo a tu Padre en los Cielos y a tu prójimo, Su hijo.

Tú puedes acercarte a tu prójimo y aclarar las diferencias. Pero no le puedes juzgar, pues lo que hagas al más pequeño de tus hermanos, Me lo haces a Mí. Si juzgas a tu prójimo o hablas mal de él, Me reduces en ti a Mí, la fuerza espiritual, la corriente fluente y sanadora.

Si has hablado mal de tu prójimo o le has hecho daño, pídele perdón. Si él te perdona, se fortalecerán nuevamente en ti las fuerzas eternas, las fuerzas sagradas.

Si has alcanzado perdón, no pienses más sobre lo sucedido.

Si tu prójimo te ha tratado injustamente, discúlpalo y perdónalo.

Si has perdonado, deja descansar lo que te ha preocupado hasta ahora, pues has perdonado.

Quien ha cumplido con las legitimidades de pedir perdón y perdonar, encuentra la paz en sí y alcanza la libertad interna y la grandeza de su ser.

Quien esté libre de odio, envidia, temor, de todas las sensaciones y pensamientos faltos de amor, puede alcanzar alivio y sanación en el alma y en el cuerpo.

En caso de una actitud positiva del ser humano ante la vida, algún malestar que quiere manifestarse puede ser evitado a tiempo por Mí, el Espíritu.

Reconoce por lo tanto la formación y el origen de tu enfermedad y sus influencias en ti y en tu prójimo en todos los detalles de tu propia vida. La causa está solamente en ti: cómo y qué sientes, piensas y hablas y cómo actúas es decisivo para tu vida terrenal actual y futura.

Hace 2000 años se podía regalar sanación a las personas sencillas y confiadas. El ser humano actual está orientado a lo externo, es desarmonioso y está lleno de dudas

En el presente, en la llamada era de la técnica con sus ruidos y la vida de mucha gente basada en los placeres, cada uno necesita más que nunca la sumersión, es decir, la meditación, para alejarse del mundo bullicioso y de la lucha competitiva.

Hace cerca de 2000 años, cuando Yo pasé por la Tierra en traje humano, había solo pobres y ricos. Todavía no existía la técnica y los ruidos eran aún soportables. La persona pobre, sencilla, vivía más con la naturaleza y sus fuerzas.

Entre los pobres no existía la lucha ni el esfuerzo por hacerse ricos con todas sus fuerzas y por todos los medios. A los pobres les parecía imposible alcanzar la riqueza. Solo en las épocas siguientes, y especialmente en la era de la técnica, se desarrolló la clase media, con las tres categorías de la sociedad: los pobres, la clase media y los ricos. Como consecuencia de la tecnificación, ahora también a la clase media le es posible enriquecerse. Esta meta trajo consigo la persecución y caza de bienes materiales. El rico acumula más que nunca y el de la clase media se esmera en hacerse rico. Los pobres no tienen posibilidades de enriquecerse. Por eso en muchos casos se dan por satisfechos con lo que tienen. Ellos, en tanto no procuren obtener la situación material de la clase media, se contentan con poco y se orientan, según sea la madurez del alma, hacia ideales y valores más elevados.

Pero hace cerca de 2000 años los pobres vivían más tranquilos y silenciosos, porque no existía la técnica con sus ruidos estridentes y desarmoniosos. Como para ellos tampoco existía la norma de medida de una clase media, los pobres no eran tan arrebatados por el deseo de poseer y vivir bien. Por esta razón el sistema nervioso de cada uno estaba más relajado que el del ser humano actual. Esto permitía que las fuerzas espirituales pudieran fluir más intensamente en muchas personas. Como consecuencia, en esa época había más sanaciones a través del Espíritu de Mi Padre.

En la época en que se produjeron las grandes sanaciones a través del Espíritu de Mi Padre, Yo mismo, el Hijo de Dios, estaba encarnado y vivía en la elevada consciencia de la fuerza primaria, es decir, Yo era uno con Mi Padre en los Cielos. Correspondía a Mi tarea divina el mostrar a los seres humanos lo que es posible a través del Espíritu. Rara vez sanaron los ricos por obra del Espíritu, Dios. Más bien eran los pobres los que afirmaban lo divino llenos de confianza y esperanza. En su sencillez aceptaban lo que se les regalaba, por ejemplo, la fuerza sanadora para el alma y el cuerpo. Fueron sanados por el Espíritu en Mí, en Jesús.

Comparado con ellos, la persona actual está muy orientada hacia lo externo. Duda, hace preguntas y a menudo está tan cargada y en tal desarmonía que no está en condiciones de aplicar muy rápidamente las leyes del amor y de la paz. Habla mucho y piensa más aún, en vez de entregarse con confianza a Aquel que lo sabe todo, que es la salud y la fuerza.

En un cuerpo sano, fresco y elástico vive también un alma luminosa

Quien realiza las leyes eternas, universales y las leyes naturales, posee un cuerpo que permanece juvenil y elástico hasta una avanzada edad terrenal. Es el ser humano cósmico, al cual le sirven las fuerzas del universo.

Las personas que viven conscientemente con la naturaleza, que orientan todos sus afanes y esfuerzos hacia lo divino, tienen un carácter noble. Su consciencia es correspondientemente amplia. Un cuerpo erguido, un caminar elástico y juvenil dan a menudo testimonio de una persona del Espíritu.

Si el comportamiento de la persona ante sus semejantes y ante la naturaleza es positivo, si incorpora a su vida todo lo que existe, si respeta y cuida a las criaturas y a la naturaleza, su carácter será también noble y bueno.

Un ser humano del Espíritu es también traspasado más intensamente por Dios, el Espíritu. La consecuencia es que se desarrolla un ritmo corporal y respiratorio equilibrado, y el aire en el cuerpo puede ser descompuesto en sus componentes necesarios para el organismo. La otra consecuencia es que la sangre, los vasos sanguíneos y linfáticos, los músculos, órganos, glándulas y hormonas son vivificados suficientemente con sustancias sanas. Así van desapareciendo los estados de cansancio y debilidad, es decir, la persona se torna más alegre.

La naturaleza quiere ser amiga del ser humano.

Quien respeta las leyes naturales y si tan a menudo como le sea posible pasea conscientemente por la naturaleza, suministrará a su cuerpo el oxígeno que da vida y la incrementa. Las fuerzas espirituales fluirán cada vez más hacia él y fortalecerán y mantendrán sanos al alma y al cuerpo.

El cuerpo humano es en su estructura igual a la Tierra. Debido a esto él es un «cuerpo natural». Por eso necesita sustancias que la naturaleza produce.

Si el carácter de la persona es noble y puro, si sus pensamientos corresponden al orden divino, si es por lo tanto altruista, entonces se comportará también de forma altruista ante los reinos de la naturaleza y los elementos de la Tierra.

Si cada uno vive en la unidad con todas las personas, entonces vive también en unidad con la naturaleza. La consecuencia de esto es una vida sana, apacible, dichosa y juvenil hasta una edad muy avanzada.

El ser humano necesita tanto el aire como la alimentación. Si le falta aire sano, rico en oxígeno, enfermará, a pesar de tener eventualmente una alimentación buena y natural.

Para que la persona permanezca sana o para que sane, necesita la correcta acción conjunta de todas las fuerzas en ella: necesita aire sano, alimentación adecuada, sol y lluvia. Necesita la tierra, que produce los frutos para alimentarse, y el agua sana que refresca la estructura celular y vivifica todo el organismo.

Quien altera en sí mismo y dentro y fuera de la tierra el curso armonioso de las fuerzas cósmicas, será una persona alterada. Tendrá que soportar enfermedades, necesidades y preocupaciones hasta llegar a ser uno con la vida cósmica.

Quien causa sufrimientos a los seres humanos o a la naturaleza, tiene que sufrir él mismo por esto. Esta es la ley de Siembra y cosecha.

El oxígeno es vida. El cuerpo natural ser humano necesita aire fresco, movimiento, cambio de ambiente, alimentación adecuada

La sanación a través del sistema nervioso es un aspecto básico que deseo hacer comprensible a todos los seres humanos.

Si el sistema nervioso está perturbado, no importa por qué causas, aparecerán enfermedades allí donde los órganos ya estén debilitados.

El oxígeno natural, el aire puro, contribuye considerablemente a la relajación y desintoxicación de los nervios.

El aire puro, rico en oxígeno, porta partículas vitalizantes que el cuerpo absorbe no solo a través de la respiración, sino también a través de las células de la piel. El aire rico en oxígeno dinamiza a todo el ser humano y eleva incluso la vibración del cuerpo. Un paseo armonioso, en el que el aire puro es aspirado tranquilamente, sin agitación, provoca incluso una disminución de los pensamientos sobre enfermedades y preocupaciones que pesan a la persona.

Si las células han recibido suficiente aire fresco de la naturaleza, esto produce en algunos casos que el consciente y el subconsciente de las agrupaciones celulares se tranquilicen. La persona se aleja entonces de sus moldes de pensamientos acostumbrados y de sus problemas. Así se fortalece el conjunto celular. Cuando se tranquilizan los dos aspectos celulares materiales, el consciente y el subconsciente, entonces Yo, la fuerza espiritual, el Espíritu, el Médico y Sanador interno puedo actuar más intensamente, tanto en el alma como también en el cuerpo. Por eso, a menudo es recomendable un cambio de ambiente.

El ser humano es un «cuerpo natural» y como tal debería vivir también con la naturaleza. Muchas personas cierran las puertas y ventanas, calientan excesivamente sus habitaciones y excluyen el oxígeno que vivifica la salud con sus partículas vivificantes.

Yo, el Médico y Sanador interno, os aconsejo: Dejad entrar el aire en vuestras habitaciones, tanto en el día como en la noche. Abrid las puertas y ventanas tan a menudo como sea posible, dejad fluir las fuerzas de la naturaleza y respiradlas consciente y armoniosamente.

También hay que considerar el vestuario. La persona debería vestirse de acuerdo con la estación del año, ni muy abrigada ni lo contrario, según sea la temperatura.

También aconsejo abrir las ventanas por la noche, no importa cómo se presente el tiempo. También el frío, el viento y la lluvia son múltiples donantes de fuerzas. De esta manera penetra mucho oxígeno en el cuerpo de la persona. Así también se renuevan y vivifican las células.

Cubrid el cuerpo con una vestimenta adecuada a la temperatura y a la estación del año. Esta no debería ser muy pesada. Utilizad también por la noche la ropa adecuada. Si hace frío se debería cubrir la cabeza con un paño de lana o algodón.

Si en los días tibios de primavera y verano a la persona le es posible dormir al aire libre, lo debería hacer. También la naturaleza, la donante de fuerza para la vida del ser humano, alivia y sana enfermedades, pues Yo, el Espíritu, estoy en todo.

Quien duerme al aire libre en días tibios de primavera y verano, yace al mismo tiempo en la fuente de salud de la vida. Si te es posible descansar o dormir bajo coníferas, que son grandes portadoras de oxígeno, se puede sentir muy pronto el fortalecimiento del cuerpo, si la persona contribuye a ello con una actitud positiva ante la vida y armoniza así su sistema nervioso. Pues a través y mediante los canales nerviosos, el Espíritu eterno sana al cuerpo físico.

La armonía produce salud. Tú la alcanzas por medio de una vida altruista, armoniosa.

Las personas enfermas de los nervios, o aquellas que sufren de una enfermedad considerada incurable, así como también personas con síntomas de parálisis, deberían suministrar oxígeno natural a su cuerpo, ya sea mediante paseos por el bosque o descansando en lugares adecuados, por ejemplo, bajo pinos.

Para la sanación completa del alma y del cuerpo es también aconsejable escoger de vez en cuando un lugar de permanencia con mucho bosque. También aquí es preciso que manifieste: El cambio de ambiente y la transformación de los pensamientos son vitales para la sanación.

Cuando hay suficiente oxígeno puro en el cuerpo, también los remedios naturales que toma la persona tienen un efecto más intenso. En el cuerpo se ponen en contacto con el oxígeno vivificante, que estimula a continuación los medicamentos naturales a que tengan una acción más intensa.

Los portadores de la vida en el oxígeno producen incluso una vibración más elevada del cuerpo humano, de modo que todo el organismo se hace más permeable para las fuerzas positivas. La acción conjunta de pensamientos y palabras positivas y afirmativas, de colores, formas y tonos luminosos, de oxígeno y remedios de base natural, estimula la consciencia espiritual de los órganos para que tengan una función más acentuada. Los nervios se relajan y la fuerza eterna, vital y curativa, fluye más intensamente en el cuerpo a través del alma. A todos estos aspectos positivos se agrega, como ya ha sido manifestado, el cambio de ambiente, que es importante para alejarse del diario vivir, de todas las vibraciones que siempre vuelven a influir en el paciente en su lugar de residencia. A esto hay que agregar una alimentación adecuada, que el mismo paciente determina en base a su vibración corporal.

Gracias al cambio de ambiente, al aumento del oxígeno en el cuerpo, a más movimiento, a la invocación de los órganos, a colores, formas y aromas, la persona alcanza una vibración más elevada. Esto produce que los órganos de los sentidos reaccionen con más precisión e indiquen qué elementos reconstituyentes necesita el cuerpo, también en relación con la alimentación. Un ritmo corporal armonioso y equilibrado, es decir, un cuerpo armonioso, da a conocer por medio de los sentidos al entendimiento los alimentos que necesita para sanar o permanecer sano.

Todo es vibración. Así también el ser humano no es otra cosa que un complejo vibrante, constituido por sus sentimientos y sus moldes de pensamiento. Si altera su vibración, sus sentidos también reaccionarán correspondientemente.

La persona es un cuerpo de sensaciones y pensamientos que, cuando está en armonía, siente exactamente qué y cuánta alimentación necesita o qué alimentos le faltan o no le sientan bien. La persona que busca sanación no debería escoger alimentos que no le gustan o que siente que no le son provechosos. En base a sus sensaciones y a su percepción corporal, que se produce a través de los sentidos, debería proporcionarle a su organismo los alimentos que el cuerpo desea en ese momento a través de las señales que emite. Sin embargo, es preciso prevenir también de caer en cualquier tipo de fanatismo.

En las clínicas, respectivamente en las Casas de la Salud, se debería dar al paciente la posibilidad, aparte de comer en comunidad con otras personas, de prepararse por sí mismo un pequeño menú, si el menú comunitario está en oposición a su mundo de sensaciones y de los sentidos. Un cuerpo armonioso indica a través de los sentimientos y sensaciones, pero también por medio de la percepción de los sentidos, qué alimentos necesita, qué sustancias precisan las células para fortalecerse y recuperarse.

Como ya ha sido manifestado, el cuerpo humano es un cuerpo de movimientos. Por eso la persona debería moverse tan a menudo como le sea posible al aire libre. No son convenientes movimientos agitados ni marchas excitadas. Provocan disonancias en el cuerpo. Como ya ha sido manifestado, debería evitarse toda larga exposición al sol intenso, especialmente en los meses calurosos de verano. Los paseos por lugares boscosos o ricos en agua, por ejemplo, a lo largo de la costa marítima, producen que a través de la respiración y de la piel penetren en el cuerpo partículas solares y de oxígeno que estimulan la salud de todo el cuerpo. También el trabajo prudente en el campo o en el jardín prepara al cuerpo para la absorción del oxígeno y producen una vibración corporal más elevada.

El oxígeno es vida. No obstante, el oxígeno puede actuar en el cuerpo solo si, como ya ha sido manifestado, se cambia la actitud ante la vida: En lugar de pensamientos negativos, desorientados, llenos de odio y envidia, es preciso poner pensamientos conscientes, plenos de Dios, positivos y altruistas.

Todo junto tiene un efecto estimulante en el alma y en el cuerpo.

Si los conjuntos celulares reciben muy poco oxígeno, se pueden dañar por ello el corazón y los pulmones. Los vasos coronarios se debilitan, se contraen y estrechan. La tensión circulatoria baja y el corazón tiene que trabajar más.

Si una persona está constantemente intranquila y agitada, la consecuencia puede ser un infarto cardíaco, pues debido a la inquietud y excitación incesante, la persona tiene una respiración corta y rápida. De este modo pueden ser afectadas las válvulas del corazón y a través de este todo el organismo.

Es una legitimidad que quien no vive en y con la naturaleza debilita su organismo.

Pero quien reconoce su organismo como un cuerpo natural, vivirá con la naturaleza y afirmará las leyes naturales y las fuerzas de la naturaleza que proporcionan igualmente curación y ayuda.

No basta rogar hoy diciendo «Señor, ayúdame» y dudar mañana de la ayuda del Espíritu. Una fe firme en Mí, el Espíritu eterno, una afirmación inquebrantable de las fuerzas positivas produce alivio de la enfermedad y curación desde el interior.

De qué modo tienen efecto los remedios naturistas

Un buen médico ayuda al cuerpo con remedios naturistas y se esmera en armonizar el sistema nervioso. Él sabe que algunos remedios naturistas, que han sido muy alterados siendo transformados en medicamentos farmacéuticos, tienen efectos secundarios.

Los remedios naturistas como tales son más saludables para el organismo que los preparados químicos, a no ser que se administren altamente potenciados.

Tan pronto como al ser humano se le haga consciente que todo se basa en vibración, podrá comprender correctamente Mi manifestación.

En todos los ámbitos del organismo se pueden producir efectos secundarios. Por ejemplo, si se toma sin reparos un medicamento para estimular el aparato digestivo, para que los alimentos puedan ser digeridos con facilidad y rapidez, en determinadas circunstancias se pueden producir otros efectos secundarios, es decir, el medicamento puede influir en otros órganos, especialmente si la vibración del aparato digestivo no concuerda en su mayor parte con la vibración del medicamento ingerido.

A cada acción sigue la reacción, también dentro de los grupos celulares, cuando un complejo medicinal actúa solo en el consciente o en el subconsciente de un grupo celular. Las consecuencias pueden ser fiebre alta, escalofríos o malestares más intensos. También con esto se pueden producir envenenamientos o debilitamiento del aparato circulatorio. Por consiguiente, es conveniente que la persona ayude a su organismo, a los nervios y órganos, con remedios de base natural.

Un buen médico que se preocupa de corazón de la salud del alma y del cuerpo de su paciente empieza a preparar el cuerpo con potencias bajas. Las va aumentando lentamente, según sea el desarrollo de la enfermedad, pero no empleará potencias elevadas.

El cuerpo es un organismo vivo que a través de la central, el cerebro, señaliza lo que le sienta bien o no. También reacciona cuando medicamentos o alimentos no corresponden a su potencial de vibración. Quien vive más con el Espíritu, con su consciencia espiritual desarrollada, puede reconocer exactamente las reacciones de su cuerpo y sabe también lo que hay que hacer.

Yo manifesté que la persona debería empezar con las potencias bajas. Las potencias del remedio naturista deberían ser semejantes a la vibración del órgano débil. Su vibración debería superar en un mínimo a la del órgano débil. Gracias a esta forma de proceder se invoca primero el consciente del grupo celular respectivo. Si el consciente se tranquiliza y se pone al unísono, la persona se sentirá mejor, porque eventualmente desaparecen los dolores. Así se puede elevar la potencia del remedio naturista. Esta actúa como tranquilizante y estimulante en el subconsciente del grupo celular.

Si tanto el consciente como el subconsciente del grupo celular se han armonizado en su mayor parte, la consciencia espiritual del grupo celular entra en una actividad más intensa: A través del núcleo divino del alma la consciencia celular espiritual reclama y atrae a continuación más fuerzas vitales y curativas. Así se pone en movimiento un proceso legítimo: partiendo del núcleo divino del alma, y a través del alma y de los centros de consciencia del ser humano, fluyen entonces las fuerzas sanadoras incrementadas a la consciencia espiritual de las células y al consciente y subconsciente del grupo celular ya preparado.

A toda acción sigue una reacción.
El maltrato de los animales,
el comportamiento despiadado con las plantas,
la contaminación de campos y bosques
recaerán en el causante: el ser humano

Cada sonido consta de varios componentes. Un grito de miedo o de alegría está formado, por ejemplo, de diferentes sensaciones, emociones, sentimientos y pensamientos. Es, por lo tanto, un complejo con diversos componentes.

Cada sonido es una acción, sea armonioso o desarmonioso. Cada acción lleva ya en sí la reacción. Es decir, cada sonido vuelve como vibración a su autor o a personas que se encuentran en la esfera de vibración de estas energías que han sido emitidas. Estas son influenciadas por esto o estimuladas a pensar o actuar, dependiendo de lo que emita la persona que está en la misma relación de vibración que el sonido enviado.

También las ondas de sensaciones de animales que han sido o son torturados, maltratados o matados cruelmente por los seres humanos, son vibraciones que se mantienen en la atmósfera y vuelven a aquellos que martirizan y matan a los animales. También en los mataderos los animales presienten que van a morir violentamente. Las sensaciones de terror y sufrimiento de estos animales vuelven al causante.

Innumerables animales sufren atrozmente porque son utilizados como animales para experimentar. Se les considera como objetos, como si no tuviesen un mundo sensitivo. Todas estas acciones y otras parecidas desatarán las reacciones correspondientes.

También el mundo vegetal tiene una vida sensitiva. También él reacciona tanto a pensamientos, palabras, tonos y actos positivos como negativos. Quien trata las plantas, las hierbas, las flores, toda la naturaleza con amor y comprensión, recibirá de ella sustancias estimulantes y vitales para el bienestar del alma y del cuerpo.

Por el contrario, quien falta a las leyes naturales, quien tortura a la naturaleza con sustancias químicas, quien arranca y tira las plantas, quien corta árboles y arbustos que están en crecimiento, apenas si absorberá las sustancias que el cuerpo necesita de la naturaleza.

Las plantas reaccionan con mucha delicadeza. Su vida sensitiva reacciona, como ya ha sido manifestado, a lo positivo y a lo negativo. Desarrollan sustancias buenas y provechosas cuando el ser humano las trata de acuerdo con la Ley divina. Pero también producen sustancias dañinas cuando el ser humano actúa contra los principios de vida del amor y de la unidad. Como los animales, toda la naturaleza registra el estado de ánimo de la persona que camina por los bosques, campos y prados, del que trabaja en el campo, en el bosque y en el jardín.

Las vibraciones que emanan de los animales, de las plantas y también de las piedras son en principio positivas porque los reinos de la naturaleza no se pueden cargar de negatividad.

No obstante, si la persona se enfrenta negativamente a los hijos de la naturaleza, a los animales, a las plantas y también a los minerales, sea por medio de pensamientos o actos negativos, de contaminación del medio ambiente e irradiación atómica, la naturaleza reacciona transformando su vibración. La vibración espiritual de las plantas y piedras se reduce. De este modo las plantas desarrollan otras sustancias que ya no son las naturales que necesita el cuerpo para una vida sana, sino las sustancias perjudiciales que por último el ser humano mismo ha esparcido, vertido y sigue vertiendo. Los productos químicos y la irradiación atómica, todo lo negativo altera las sustancias vitales de las plantas, de los arbustos, de los árboles, de las flores y frutos del bosque y del campo, también de los cereales. Estas sustancias nocivas las emite también la naturaleza como vibración. Como ninguna energía se pierde, esta vuelve de regreso al causante

Debido a todos estos y a otros sucesos, sobre todo el ser humano apegado al mundo enferma cada vez más. Con el correr del tiempo han ido apareciendo enfermedades que para los médicos siguen siendo enigmáticas y sobre las cuales hacen toda clase de suposiciones. Sin embargo, no pueden reconocer los detalles de los orígenes de los síntomas. Las causas de que una enfermedad se manifieste van a llegar a ser tan múltiples y de tan diferentes tipos, que a los médicos en muchos casos no les quedará otro remedio que reconocer que no saben qué hacer, o bien abandonarán toda cordura y administrarán irresponsablemente medicamentos y dosis de rayos que no solo provocan malestares físicos incrementados, sino también sufrimientos y torturas anímicas.

Más de algún médico cambiará su forma de pensar y aplicará la terapia integral, que vale ante todo para el alma y solo después para el cuerpo.

La terapia integral la puede aplicar, sin embargo, solo aquel que se ha analizado a sí mismo y ha reorientado su vida, partiendo del pensamiento humano, intelectual, hacia el reconocimiento espiritual y la sabiduría divina.

Para que todos los seres humanos se reconozcan a sí mismos y transformen su vida, Yo, el Espíritu de la vida, doy indicaciones, enseñanzas y lecciones. Pero cada uno tiene que trabajar en sí mismo. A nadie se le quitará lo que tiene de contrario a la Ley divina. Cada persona tiene que reconocer su ego, su falso comportamiento, y estar dispuesto a superarlo paulatinamente, es decir, a no hacer más lo que va contra la Ley de Dios. Tiene que estar dispuesto a trabajar con la ley en vez de actuar contra ella.

Los médicos se deberían esmeran en empezar primero ellos mismos a vivir y actuar según la Ley eterna, para después ayudar y servir al prójimo de acuerdo con las legitimidades divinas.

En breve los médicos de este mundo se sentirán impotentes ante enfermedades que nunca habían existido en esta forma, y no sabrán qué medicamentos podrán recetar. Las clínicas se llenarán poco a poco también de personas con enfermedades anímicas.

A esto hay que agregar los cuerpos humanos afectados por la irradiación atómica, que reaccionan de maneras muy diferentes a la irradiación radioactiva, que es cada vez más intensa. Así también son sus dolencias.

En el curso de este desarrollo, muchos médicos tendrán que reconocer su propia incapacidad; en muchos casos fracasarán en el ejercicio de su oficio médico.

Las enfermedades del tiempo venidero se basarán en su mayor parte en daños radioactivos que hay que atribuir a la contaminación atómica del aire, de la tierra, de los lagos, ríos y mares. Los mismos alimentos y todo lo que el ser humano ingiere, también medicamentos y remedios naturistas, estarán con el paso del tiempo contaminados.

La muerte física va acompañada de un gran cortejo y afecta a todos aquellos que se orientan solo a lo material, siendo por lo tanto propensos y receptivos a las vibraciones negativas, como son la irradiación atómica, los virus y las bacterias.

En la medida en que lo negativo y lo contrario a la Ley divina va sufriendo su derrota, se abre el Cielo para las criaturas necesitadas

Dios envió a seres de la Luz

Dios envió nuevamente a mensajeros de la Luz que se han encarnado y sirven como instrumentos al gran Espíritu, al Padre en Mí, Cristo.

A este mundo envié también a un ser que en traje terrenal Me sirve como profeta de enseñanza y enviada.

A través de Mi instrumento enseño no solo las leyes en general, sino que doy indicaciones y enseñanzas a los seres humanos para mostrarles cómo pueden organizar su vida para cumplir la ley cósmica, la Ley Absoluta, para que sanen y permanezcan sanos.

El Cielo se ha abierto y se abre cada vez más para todos los seres humanos y seres de buena voluntad que están dispuestos a practicar la ley de la armonía, de la paz y del amor, para prepararse así para las fuerzas cósmicas eternamente armoniosas y para sanar y permanecer sanos, para alcanzar paz, amor altruista y el reconocimiento consciente. El camino conduce directamente al corazón de Dios.

El interior determina el exterior y viceversa. Armonía en el vestuario

En Vida Universal es válido: en la medida en que el ser humano está traspasado por Mí, ilumina también a sus semejantes y aclara el mundo.

Quien ha despertado en Mi Espíritu no cambia solamente sus costumbres. Su interior irradia el exterior y transforma radicalmente al ser humano. Los rasgos de alguien que ha despertado espiritualmente se tornan más nobles. Su comportamiento es armonioso porque sus pensamientos y sensaciones están en armonía.

El vestuario de estas personas es equilibrado, también en la combinación de colores. Ellas saben que el interior determina el exterior y el exterior influye en el interior. Los seres humanos del Espíritu evitan géneros de cuadros multicolores, pues ellos saben que con la misma multiplicidad con que el ser humano centellea en su mundo de pensamientos, así también se viste.

Los géneros brillantes y a cuadros tienen un efecto perturbador en el aura, el campo de energía del alma y del cuerpo humano. También es aconsejable evitar géneros pesados y colores oscuros. Estos pueden influir de forma contraria a la Ley divina en el ánimo de una persona muy sensible. Por esta razón, la persona puede en ciertos casos enfermar depresivamente y tornarse apática.

Las personas con nervios débiles no deberían usar ropa pesada y oscura. El peso del género, los géneros oscuros y a cuadros oprimen el sistema nervioso más aún de lo que ya de por sí está afectado por las influencias del medio ambiente. Toda desarmonía y disonancia exterior produce un mal efecto en el alma y el sistema nervioso de la persona.

Esmérate entonces, oh ser humano, en evitar estas ilegitimidades externas en tanto te sea posible.

Para que la persona pueda enfrentar en tanto le sea aún posible todo lo que está en contra de la Ley divina, debería reorganizar su vida, de la desarmonía y el apego a lo mundano hacia la vida armoniosa, hacia la unidad con Dios.

Quien siga Mis indicaciones encontrará en sí mismo la confirmación de que Yo, el Espíritu de la vida, Soy la verdad. A raíz de Mi sacrificio del Gólgota a cada alma y a cada ser humano le corresponde la evolución como salvación que da vida. Tanto al alma como al ser humano le es posible salir de vibraciones inferiores a través de ejercicios espirituales y llegar a ámbitos más elevados en los cuales reinan la paz, la armonía, la salud y la fuerza. Gracias a la orientación consciente hacia las leyes sagradas, en el curso de su peregrinaje el alma llegará a ser una con Dios, su Padre.

Dios está en todas partes. Él es omnipresente. Por eso a cada persona le es posible la fusión con la fuerza suprema. A quien se esmera diariamente cada vez más en alcanzar la elevada meta de la unión con Dios, le sirven las fuerzas sagradas del infinito. Él ya no es más esclavo de sus pasiones y apetitos, esclavo de sus pensamientos y sensaciones, sino el dominador de su naturaleza inferior.

Si la persona ha encontrado a Dios, su alma se ha transformado en cuerpo espiritual puro. Llega a ser entonces la persona espiritual o posteriormente, el ser humano divino: Espíritu de Mi Espíritu.

Por qué actualmente se puede manifestar una visión más profunda de las leyes eternas

En este mundo viven todos los grados de consciencia, estrechamente uno al lado del otro, o incluso todos juntos. A raíz de ello se producen ámbitos de frecuencias de muy diferentes tipos.

Cada vibración trata de influir con mayor o menor fuerza en otra, según sea el grado de vibración e intensidad. Fuerzas elevadas de igual vibración se fortalecen y fecundan mutuamente. Vibraciones desiguales e inferiores no son aceptadas por las vibraciones superiores.

La ley universal establece: Lo igual se atrae, lo desigual se rechaza.

Debido a que en este mundo los grados de consciencia son muy diferentes, es también la comprensión por la verdad eterna muy diferente. Por eso desde el Espíritu de Dios se puede manifestar solo tanto como la persona pueda entender en la época en que se revela el bien espiritual.

Mi palabra es solo orientadora, y las exposiciones en Mis manifestaciones son comprensibles solo para aquel que se puede interiorizar en la palabra.

En esta época de la técnica Yo puedo revelar a Mis hijos humanos muchas más cosas que en los tiempos pasados. La persona familiarizada con la técnica sabe de la ley de la atracción y del rechazo; trabaja con vibraciones, con frecuencias; conoce las diferentes intensidades de la luz y su eficacia; tiene idea de la constitución del átomo y sabe de la fuerza de gravedad.

Debido a todos estos conocimientos, también Yo, el Espíritu, puedo transmitir al ser humano una visión más profunda de las leyes eternas del infinito y también de la ley de Causa y efecto, pues el ser humano sabe que los colores, formas y tonos son frecuencias, es decir, vibraciones, que todo vibra y todo influye en todo. Además, el ser humano ha creado nuevas palabras para sus conocimientos, palabras que Yo empleo para poderme expresar en el mundo y para los Míos, para Mis hijos humanos, pues Dios no tiene palabras. Por eso es necesario el instrumento.

Ha empezado Mi era, la Era de Cristo

Llegará el tiempo en que la técnica irá de mal en peor, porque no ha sido aplicada legítimamente ni tampoco para el bienestar de todos los seres humanos.

Esta gran época de transición ya ha empezado. Seres humanos y almas se están poniendo en marcha. Aquellos que están fundidos con lo temporal, serán captados y movidos por lo temporal, y los que están con el Espíritu de Dios estarán fundidos con la fuerza primaria. De esta manera la luz y las sombras chocan cada vez más.

En los sectores de la Iglesia, de la economía y de la ciencia, la luz está en lucha contra la oscuridad. A menudo parece que la oscuridad quisiera declararme la batalla a Mí, el Cristo, y ponerme límites a Mí, el Espíritu. Pero esto es solo aparentemente así, no en la realidad.

Ha empezado la época en que Yo, Cristo, triunfaré. A pesar de las luchas, guerras, destrucción, contaminación atómica y de todo lo que ataca al ser humano y a la Tierra, Yo seré el vencedor, pues Yo Soy la Luz del mundo.

Un profundo presentimiento espiritual envuelve a muchas personas que están luchando contra sí mismas, contra su naturaleza inferior. Sienten que está apareciendo algo grandioso y que también se llevará a cabo, pues una nueva era, la era del Espíritu está emergiendo impetuosamente, partiendo de lo contrario a la Ley divina, de lo negativo, y renovará a la Tierra y al mundo.

Las fuerzas del infinito están luchando contra las fuerzas que están en contra de la Ley de Dios.

Para muchas personas existirá una nueva época, la época de la verdadera humanidad.

Yo, Cristo, he iniciado la nueva era, y Mi luz irradia cada vez más intensamente al mundo y a los corazones de aquellos que Me aman. A través de ellos y por medio de ellos captaré a todos aquellos que están aún orientados al mundo, pues todos tienen que regresar al Hogar en el corazón de su y Mi Padre.

En la época de la luz incrementada de Cristo se concederá ayuda a muchos enfermos. Los oprimidos encontrarán la libertad y los subyugados encontrarán el camino para liberarse.

Ha empezado Mi era, la Era de Cristo.

Yo actúo a través de los Míos. Llega ayuda y salvación para los enfermos, necesitados y hambrientos. Los que están deslumbrados reconocerán el objeto de su deslumbramiento y muchos Me encontrarán a Mí, el Salvador de las almas y fundador de la verdadera humanidad.

¡Venid a Mí todos los que estáis cansados y cargados! De acuerdo con vuestra fe os quiero servir, ayudar y dar. En la noche oscura vendrá entonces ayuda, la Luz del mundo, Yo, el Cristo.

Yo libero a las almas oprimidas y a los seres humanos temerosos.

La Tierra será transformada por la fuerza primaria, así como el alma por Mí, el Cristo. Yo lo hago todo nuevo. Yo hago evolucionar todo hacia el Padre, hacia la Luz.

Una revolución espiritual dará comienzo a la verdadera humanidad. Que el uno lleve la carga del otro. Reza y trabaja. Da y recibe. La ayuda correcta a los necesitados. La verdadera misión

Primero se produce la revolución en el alma y en el ser humano: tienen que reconocer que lo material, lo que ha creado el ser humano, es perecedero, y que nacerá lo espiritual, haciéndose verdaderamente visible a través de seres humanos de la nueva era.

Si en los pasados dos mil años las almas y los seres humanos se hubiesen esforzado en evolucionar espiritualmente, después del Reino de la Paz no tendría que producirse la expansión de la superficie de la Tierra, que conducirá a la explosión de todo lo material.

A las personas que aman verdaderamente a Dios, su veneración a Dios les exige que respeten las leyes eternas.

El pan del Espíritu es la vida del cuerpo. Por eso, la ley para todos los seres humanos que quieren acercarse a Dios dice: que el uno lleve la carga del otro.

Esto no significa, sin embargo, que el uno pueda convertirse en una carga para el otro porque este no quiere trabajar ni ganar su pan por sí mismo.

El justo ayuda a aquel que está en el camino de la justicia. Pero aquel que solo desea recibir y no aceptar enseñanzas espirituales para realizar la ley «Reza y trabaja», tiene que seguir todavía en la miseria, hasta que se dé cuenta de que él también es llamado a poner en práctica la ley del amor y de la unidad, que dice: que el uno lleve la carga del otro, que el uno ayude al otro. Esto significa: Ayuda a tu prójimo dando pan y vestuario al hambriento. Pero cuida de que cumpla con la ley «Reza y trabaja». Ayúdalo, pero al mismo tiempo dale la posibilidad de trabajar como corresponda.

Una persona es actualmente rica porque se ha ganado esta cosecha en la vida anterior. Pero al mismo tiempo tiene el deber de no aumentar su riqueza para sí misma, acumulándola, sino de repartirla y dar a aquellos que sufren realmente necesidades, no solo cosas externas, sino también espiritualidad interna, en tanto estén dispuestos a cumplir con la ley «Reza y trabaja».

Todo rico de este mundo es solo un administrador de su fortuna. Los ricos deberían estar por eso al servicio del bien común. Si los ricos siguen siendo ricos exteriormente, porque acumulan y consideran su fortuna como algo propio, entonces son interiormente pobres.

Por consiguiente, para que se enriquezcan interiormente, en la vida siguiente tienen que empobrecer, incluso ser pobres, según sea como haya pensado y vivido el alma que ha sido rica en traje terrenal.

Los seres humanos que viven en prosperidad deberían servir a los más pobres, a las personas que viven entre ellos en soledad y miseria, como también a los hermanos y hermanas que sufren necesidades en los países subdesarrollados. Pero esto no significa que tengan que repartir solo el pan terrenal. Ambos, el pan espiritual y el material, tienen que ser ofrecidos en la medida correcta. Esto se lleva a cabo por medio de enseñanzas espirituales y de la realización de la ley «Reza y trabaja».

La verdadera oración es trabajar de forma altruista y consciente en concordancia con la Ley eterna. Quien no rece correctamente, es decir, quien no viva, piense y trabaje de forma altruista, tampoco comerá en el futuro. Quien no trabaje de forma abnegada, tampoco tendrá pan en el futuro. La ley de Siembra y cosecha hace salir todo a la luz del día.

La ley «Reza y trabaja» también exige que la persona se alimente según la ley natural, que sus pensamientos sean alruistas y sus actos contribuyan al bien común. De este modo sanan el alma y el ser humano.

Misioneros de diferentes religiones recorren muchos países en los que la población sufre hambre. En muchos lugares mantienen sus actividades. En su mayor parte estas consisten en dar a conocer el mensaje bíblico y repartir dones terrenales.

Yo pregunto: ¿De qué sirven a las almas ignorantes y ensombrecidas y a los cuerpos enfermos las palabras piadosas de la Biblia y los medicamentos para aliviar sufrimientos externos? A muchas de estas personas hambrientas y necesitadas les falta el alimento interno, el pan espiritual, es decir, les falta la actitud correcta ante la vida. Para mover a los seres humanos que viven en la miseria y en el hambre, y que están marcados por el destino, hacia la verdadera comprensión y a dar la vuelta, no se precisan solamente palabras bondadosas, pan terrenal y medicamentos.

El ser humano necesita mucho más: por supuesto que las personas enfermas, hambrientas y necesitadas tienen que ser fortalecidas primero físicamente, pero al mismo tiempo se les tiene que dar a conocer la ley «Reza y trabaja». Se les tiene que dar la posibilidad de trabajar.

El ser humano espiritual es el peón fiel en la viña de Su Señor.

Quien trabaja, recibirá también su recompensa.

Y quien trabaje legítimamente, ennobleciendo al mismo tiempo su ser, logrará la metamorfosis en el Espíritu. De la oruga, del ser humano oprimido y esclavizado, surgirá una mariposa, un ser humano del Espíritu.

Los seres humanos del Espíritu conocen la ley «Reza y trabaja» y la aplican también correctamente.

Está escrito: Con el trabajo de las manos o «con el sudor de tu frente tienes que ganarte tu pan». Esta declaración vale para todos los seres humanos que no han aprendido a trabajar correctamente y que por este motivo tampoco son un modelo para sus semejantes y para todos los seres humanos en los países subdesarrollados. El verdadero trabajo significa: Primero dar y después recibir.

Pero no tienes que dar solo para recibir. Da y sirve de forma altruista. Por esto tampoco es legítimo proveer a los seres necesitados en los países subdesarrollados solo con pan, sin enseñarles a trabajar como corresponde.

Quien solo toma de los demás y no aprende a dar, lo que también está contenido en todo trabajo, permanece orientado parcialmente. Personas orientadas parcialmente creen que solo el prójimo es el que tiene que dar, mientras ellos pueden solo recibir ya que no tienen nada.

Por esta razón, el que recibe debería aprender también a dar. La ley «Reza y trabaja» contiene ambas cosas: dar y recibir.

La creencia de que solamente una cierta categoría de personas tiene que dar provoca con el paso del tiempo una actitud letárgica en aquellos que solo toman. Una actitud así puede conducir solo a complicaciones, pues no corresponde a la ley universal. Una actitud semejante conduce a una mayor pobreza y a un caos más grande, pues falta el equilibrio: Reza y trabaja, da y recibe.

Si la balanza de la justicia, que lleva en un platillo lo dado y en el otro lo recibido, se carga solo hacia un lado, tarde o temprano se producirán necesidades, enfermedades y padecimientos.

Es una tarea para generaciones el explicar la ley «Reza y trabaja» a las personas que piensan solo en recibir, especialmente en los países empobrecidos y subdesarrollados. Esta transformación, de la actitud de recibir hacia la correcta relación entre dar y recibir, la pueden realizar solamente cristianos que reconocen en su interior las leyes eternas y también las practican como seres humanos. Solo tales personas pueden ayudar a almas y personas orientados de forma unilateral.

A pesar de que muchos misioneros cumplen su servicio, son muy pocos los que lo hacen de acuerdo con la ley del amor y de la libertad en actitud humilde y altruista. Solo las lecturas de la Biblia no bastan para que el ser humano cumpla la ley «Reza y trabaja». Los seres humanos que están orientados unilateralmente tienen que ser dirigidos y conducidos de acuerdo con la Ley eterna.

Hambre y pobreza son signos externos de pobreza interior. Pero esto no significa que tales personas tengan que permanecer en esa situación. Está escrito: Que el uno lleve la carga del otro. Con esto a los cristianos se les exige ayudar a sus hermanos pobres, enseñarles la ley «Reza y trabaja», darles ejemplo de ella con su propia vida y guiarlos para que se cumpla el mandamiento: Que el uno lleve la carga del otro y que el uno ayude al otro de acuerdo con la Ley divina.

Como en los países subdesarrollados la ley «Reza y trabaja» no se aplica o solo se hace parcialmente, los más pobres entre los pobres sienten un gran descontento. De allí parten olas de envidia, hostilidad y acusaciones hacia el prójimo que vive holgadamente en los países ricos. Estas fuerzas de envidia, hostilidad, de odio y acusación, influyen especialmente en aquellos que tienen los medios y las posibilidades para ayudar como corresponde a los más pobres de los pobres, de apoyarles y enseñarles lo que significa que quien trabaja también tiene pan, y quien vive según las leyes eternas, nunca sufrirá hambre ni miseria.

Este verdadero trabajo misionero ha sido descuidado ampliamente. Por esto aún hoy es válida Mi llamada: Salid, enseñad y bautizad. Con la palabra bautizo Me refiero al bautismo espiritual. Cuando el ser humano cumple las leyes eternas en su mayor parte, el Espíritu penetra en él, habiéndose convertido así nuevamente en espíritu de Mi Espíritu.

Actualmente enseño una vez más a personas que Me aman y se esmeran en consagrarme su vida.

Guiados por el Espíritu eterno, los seres humanos de la nueva era realizarán aquello que es legítimo: enseñar a los más pobres entre los pobres la ley «Reza y trabaja» e indicarles cómo tiene que ser cumplida esta ley en la vida diaria para tener pan material y espiritual.

Sin embargo, como en los pasados dos mil años volverán a ser despreciados por muchos cristianos de apariencia, que los calumniarán porque piensan y viven de manera diferente al cristiano que vive solo lo externo. Precisamente, en nombre de una autoridad estatal o eclesiástica, fueron maltratados y torturados en Mi nombre aquellos que vivieron y enseñaron el verdadero cristianismo del amor al prójimo, y de la misericordia, y que querían difundir por todo el mundo. Los tiempos de actos brutales no han cesado aún por completo.

A pesar de todas las adversidades, está despertando el ser humano nuevo que cumple las leyes de la vida, mientras que el hombre de mundo se va consumiendo lentamente, debilitado por pasiones, enfermedades, sufrimientos e irradiación atómica.

La nueva era se iniciará con la purificación de la Tierra. Ya ahora se construye para el Nuevo Tiempo

La nueva era se iniciará con la purificación de la Tierra debido a que esta en todos sus ámbitos está ensuciada y contaminada por la radioactividad.

Todo será renovado.

Los hornos de la Tierra son los mares que se calientan debido a la irradiación atómica. La Tierra es la plancha de la cocina de los mares. Ella hará que muchas cosas hiervan. Aumentará la actividad volcánica y los casquetes de los polos se derretirán. La radioactividad crecerá. No habrá ni la más pequeña hierbecilla que no esté contaminada. El eje terráqueo se desequilibrará y los mares ardientes purificarán la Tierra. A esto hay que agregar la alteración de la constelación de los planetas. Los planetas también contribuirán a la limpieza de la Tierra por medio de su irradiación.

Nacerán un nuevo Cielo y una nueva Tierra.

La nueva Tierra será habitada por seres humanos del Espíritu.

Los seres humanos del Espíritu aprenden a ayudar a sus semejantes como corresponde, con los medios más simples, pero equipados con la fuerza más valiosa: con el Espíritu del amor y la sabiduría que todo lo mantiene.

Llegará el momento en que también se dará a los pobres lo que los levante espiritual y físicamente: la vida en el Espíritu, que también otorga el pan material.

Llegará el ser humano nuevo que vive en Mí, que enseña y a través del cual sano Yo, Cristo, la vida.

Yo, el Espíritu, traigo el Reino de Dios, el Reino de la Paz a todos los seres de buena voluntad.

El amor de Dios viene a esta Tierra a través de los Míos. Quien lo pueda captar, que lo capte.

Yo he venido para ayudar y sanar, para servir a los Míos.

El fuego de la revolución espiritual está ardiendo. Lo he encendido Yo, Cristo.

Se proclama nuevamente: ¡Id, enseñad y bautizad! Quien tenga oídos, que escuche.

Las causas que crea el ser humano son tan variadas, como variadas son también las consecuencias, las enfermedades, los sufrimientos, las preocupaciones y necesidades.

Las causas han sido sembradas. Lo que fue sembrado está surgiendo y se manifiesta en lo material.

Por eso a esta manifestación Yo la denomino: Origen y formación de las enfermedades.

Causas y efectos producidos por no respetar la ley del amor al prójimo con los más pobres

Muchos de los que hoy se denominan cristianos y que viven con holgura y actúan en contra de Mi palabra, serán atormentados por hambre y pestes en las próximas encarnaciones debido a la cadena de causas y efectos, ya que hoy derraman veneno en la verdadera vida cristiana que está naciendo.

La ley «lo que es igual se atrae» tiene el efecto de que un alma cargada se puede encarnar solo en un cuerpo cuyos factores hereditarios corresponden a las culpas del alma por encarnarse.

Por esta razón, aquellos que hoy quieren pisotear el verdadero cristianismo naciente, y aquellos que sin el menor escrúpulo ante la pobreza de los demás utilizan su riqueza para llevar una vida llena de comodidades, tendrán que rendir cuentas alguna vez por su comportamiento. Quien ahora no vive ni enseña correctamente la ley «Reza y trabaja», sin incorporar tampoco a ella a los más pobres entre los pobres, tendrá que sufrir alguna vez por su actitud.

Más de alguno cree que todos aquellos que viven en el pecado, en culpas, que tienen que pasar hambre y necesidades, tengan por ello que expiar y que por eso no es necesario ayudarlos. Esta forma de pensar no está en concordancia con el mandamiento del amor al prójimo. Si en los países subdesarrollados se encuentran almas encarnadas que llevan una culpa muy grande, esto no significa en ningún caso que ellas tengan que pagar lo que causaron alguna vez.

Según la ley del amor al prójimo, deberían ayudar aquellos que no viven en la pobreza y en la miseria. No obstante, la ayuda tiene que superar el alimento terrenal y los productos farmacéuticos, así como también la palabra de la Biblia.

Solamente la palabra viva tiene fuerza. La palabra es la ley. Tiene que ser practicada primero por el mismo misionero. Si la Ley eterna se cumple, entonces no se hace necesaria la lectura al pie de la letra. Tampoco se necesita un libro sagrado. Es la palabra vivida que no solo se dice libremente, sino que también se practica correctamente.

En la escuela que conduce a la verdad interna, la persona aprende las profundas leyes eternas. Es instruida de tal manera que pueda comprender correctamente las leyes divinas eternas y las pueda aplicar a sí misma y en el mundo. Por eso doy también una visión de los procesos internos de los genes, de los factores hereditarios, en relación con el alma encarnada o por encarnarse.

El ser humano nuevo, en el que empieza a brotar la verdad eterna, que está floreciendo en el cumplimiento del Sermón de la Montaña, no es un ciego que cree que Dios no permite descubrir sus secretos.

Dios no tiene secretos ante los seres humanos, a no ser que el ser humano tenga secretos ante Dios. Es decir: si el ser humano se excluye por sí mismo de la corriente divina, entonces no conoce las leyes. Quien no conoce las leyes, es ciego para la verdad. Solamente aquel que es ciego espiritual opina que Dios no deja que se descubran Sus secretos.

Si Dios, nuestro Padre eterno, tuviese secretos ante Sus hijos, si Él tuviera que esconder ante ellos pensamientos de creación y procesos legítimos, Dios sería imperfecto, así como el ser humano es imperfecto.

Quien Me sigue, cumple las leyes eternas. Yo vine a este mundo a enseñar y vivir las leyes, no a hablar solamente de ellas.

A quién Me sigue, le corresponde hacer lo mismo. Entonces se abre el ojo espiritual: El ser humano ve el SER y no solo la apariencia. El secreto se ha revelado porque el ser humano ha llegado a ser divino. Los velos han caído, la neblina del ego humano se ha disuelto: él ve claramente la verdad.

Las legitimidades espirituales durante la procreación

Los pensamientos son fuerzas. Ellos pueden influir tanto en los genes de la mujer como en los del hombre, según sea el tipo de los pensamientos y la predisposición en los genes.

Las predisposiciones en los genes son decisivas para el sexo en formación. Es determinado tanto a través de la mujer como del hombre, en tanto estén aún en la ley de Causa y efecto. En ambos sexos, en el hombre y en la mujer, se encuentran los caracteres de lo femenino y de lo masculino. En base a su «reloj interno», a la ley de Causa y efecto, la pareja determina el sexo del niño.

Si durante la procreación el potencial de fuerzas de ambos miembros de la pareja se encuentra en gran parte en armonía, se forma predominantemente un principio femenino, siempre que la compatibilidad no cambie después de pocos días. Si la fuerza de la mujer es la dominante, entonces se forma igualmente, bajo la condición de que la consonancia de las fuerzas no se altere, un ser masculino.

Por lo tanto, si el potencial de fuerzas de la mujer es mayor que el del hombre, en la mujer vibran los aspectos masculinos con mayor intensidad. La consecuencia es que la mujer en cuanto a las fuerzas vitales es superior al hombre. De este modo, en el óvulo a fecundar son estimulados principalmente los aspectos masculinos. Esto produce que en el cuerpo de la madre empiece a desarrollarse un ser masculino.

En el óvulo que se está preparando para la fecundación tiene efecto un grandioso mecanismo de mando que es mantenido en movimiento por la constelación de los planetas, de acuerdo con la carga de ambos miembros de la pareja. A través de este proceso dirigido legítimamente, el óvulo a fecundar atrae las fuerzas que actúan más intensamente en él, pues la unión del hombre con la mujer tampoco se produce por casualidad, sino que es la consecuencia de causas creadas.

Existe también el establecimiento de relaciones entre la pareja por medio de la Ley Absoluta. Esto sucede cuando ambos, el hombre y la mujer, ya no están en la ley causal, en la ley de Siembra y cosecha.

Si se engendra un hijo en el nivel de la Ley Absoluta, los espermas y el óvulo no tienen cargas. No son irradiados por la ley de Causa y efecto, sino por la ley pura. Los iguales se atraen. Llega al mundo un niño que lleva en sí ideales y valores elevados: la vida del Espíritu. En este sentido tendría que ser considerada también la gestación de Jesús de Nazaret, en el que Yo, Cristo, me encarné.

Las sensaciones, los pensamientos y las palabras son fuerzas. Pueden ascender desde el alma o «llegar volando» desde afuera y ser acogidos por el alma y el ser humano, si existe al efecto una analogía, es decir, una predisposición.

Tanto las sensaciones, los pensamientos, las palabras y los deseos positivos, como los negativos, si se les mueve constantemente, pueden influir en los genes de acuerdo con la intensidad que tengan.

Con esto queda dicho que tanto el hombre como la mujer influyen en sus propios genes y también en el óvulo a fecundar.

Cuando el potencial de fuerzas de la naturaleza, por ejemplo, después de guerras o catástrofes, se altera, y se produce una insuficiencia de principios masculinos o femeninos, la ley natural es la que crea entonces el equilibrio: Así como la Luna en unión con el Sol y otros planetas dirige las mareas y estimula y regula el apareamiento del mundo animal a través de las corrientes magnéticas, así también la irradiación de los astros tiene un efecto más intenso en los seres humanos a través de las corrientes magnéticas, cuando el potencial de fuerzas hombre-mujer está sufriendo desequilibrios considerables.

Si, por ejemplo, faltan seres masculinos, la Luna, en unión con el Sol y los planetas, estimula los aspectos masculinos en los genes. La Luna, en combinación con el Sol y los astros que en el momento de la gestación influyen especialmente en los hombres con el correspondiente grado de vibración, va estableciendo paulatinamente el equilibrio hombre-mujer, de tal modo que se llegue a la proporción que exigen las leyes naturales de la atracción, llamada también polaridad.

El equilibrio de las fuerzas, también de las fuerzas entre hombre y mujer, pertenece a la consonancia de las fuerzas de esta Tierra y de todo el sistema solar.

Al ser humano le corresponde respetar las leyes del infinito y aplicarlas a sí mismo y a la Tierra. Si esto no sucede, porque el ser humano interviene en el equilibrio de las fuerzas, en el equilibrio ecológico, su relación con su medio ambiente y también con su prójimo está entonces alterada.

Por eso vive atento, oh ser humano, pues cada instante en la vida guarda en sí siempre aspectos nuevos, o sea otros aspectos en tu forma de pensar, sentir, querer y actuar, que corresponden a tu carga del alma y a tu conducta actual.

Alegría y sufrimiento, enfermedad, salud y bienestar son determinados exclusivamente por el ser humano mismo. Él es el constructor de su destino y el constructor de su vida.

Toda persona está en cada momento ante la decisión: o a favor o en contra de la Ley eterna. Sus sensaciones, pensamientos, palabras y obras son su vida, son la persona misma. Con aquello que ella es influye en su medio ambiente, pero también sobre sí misma, pues cosechará lo que siembre, tanto en lo positivo como en lo que está en contra de la Ley divina.

De este modo, una futura madre puede influir también en los genes de su hijo en gestación, según sea su forma de pensar y de vivir. Si la vida de la madre embarazada es armoniosa y equilibrada, si sus sensaciones son nobles y sus pensamientos buenos, si vive conscientemente, es decir, en el convencimiento del poder omnipotente de Dios, que lo abarca todo, también a su hijo en desarrollo, según sean las circunstancias pueden ser transformados entonces muchos aspectos en los genes, que tal vez en el momento de la gestación pendían como una espada del destino sobre el hombre, la mujer y el niño en gestación. Lo que se transforma en los genes de la madre se puede transformar también en el alma que se está acercando, siempre que esto sea bueno para el alma.

Pero no solo la mujer, sino que también el hombre tiene una gran responsabilidad ante el niño en gestación. La influencia del hombre es también decisiva para determinar qué alma se puede encarnar. Es decisiva la actitud positiva, amorosa y tolerante del hombre ante la mujer. Su actitud no solo influye positivamente en la madre, sino también en el niño en gestación y posteriormente en toda la familia.

La ley de Causa y efecto se manifiesta también en la relación de ambos sexos, pues debido a una forma equivocada de pensar, de sentir, querer y vivir, debido a disputas y peleas, crean un karma común que tarde o temprano muestra sus efectos. Un karma común de este tipo puede influir también en el embrión en crecimiento en el cuerpo materno, siempre que exista algo semejante en sus genes.

En tanto los seres humanos se encuentren en la ley de Causa y efecto, son influenciables de muchas maneras, tanto en sentido positivo como negativo. Bajo este aspecto, el hombre y la mujer pueden determinar ya en el momento de la gestación la ruta a seguir del alma que va a llegar. Un alma se encarna entonces de acuerdo con los factores hereditarios de ambos padres y de acuerdo con sus costumbres actuales, que pueden inclinarse hacia lo positivo o lo negativo. Por esta razón, a cada ser humano le corresponde purificar su alma y ennoblecer su cuerpo, para que no sean creadas aún más causas.

Para que el ser humano pueda madurar y desarrollarse, tiene que preocuparse primero de su alma y solo después de su cuerpo. Un alma sana, con una irradiación elevada, libre de grandes cargas, posee también un cuerpo sano.

El Espíritu de la vida aconseja al ser humano a que por medio de una vida decente, orientada hacia Dios, se eleve de su ámbito de vibración actual para alcanzar vibraciones superiores, puras y sutiles.

En tanto el ser humano y el alma se mantengan en su vibración en el nivel más bajo, es decir, en la esfera de vibración terrenal, influirán en ellos todas las fuerzas de los gérmenes infecciosos que están en contra de las leyes divinas y que actúan en ese nivel, en esa zona de vibración. Esto vale para todas las almas y seres humanos que en su vibración son idénticos a la vibración terrenal, también para la madre embarazada y su hijo.

Si la futura madre se contagia con un germen infeccioso que la tortura y tal vez la postra en el lecho de enfermo, también puede sufrir el embrión, según el tipo de germen de que se trate y con qué intensidad este sacude y ataca al cuerpo.

También una alimentación sana, de alta vibración, influye en y dentro de la persona, también en el niño de la madre que está encinta.

Repito: Todo se basa en vibración.

También cada continente, cada país, cada ciudad, cada lugar y cada casa tienen su propia vibración. Los seres humanos que, por ejemplo, viven en un país, pertenecen según su consciencia a la vibración del país. Además, los seres humanos que habitan un país, de acuerdo con su consciencia están reunidos a su vez en particular en una ciudad, en un lugar, en una casa. También el clima o los frutos tienen la vibración del país. Por eso el ser humano se debería alimentar especialmente de los frutos que crecen en el país que es su hogar o en el que vive ya largo tiempo. País, clima y productos naturales son en su mayor parte iguales en su vibración.

Debido a que lo igual se atrae y se refuerza, el ser humano también debería considerar esta legitimidad para alcanzar la armonía interna y externa.

Los frutos de plantas que viven varios años tienen más fuerza vital porque la planta se ha incorporado más al ritmo cósmico. En esto debería pensar especialmente la futura madre. Las altas vibraciones de los frutos de plantas de larga vida influyen positivamente en el embrión. Una manzana posee, por ejemplo, sustancias vitales que casi ninguna otra fruta posee.

En los diferentes países hay otros frutos que poseen un alto potencial de fuerza y que tienen un efecto vivificante y reconfortante sobre y en el interior del ser humano, de la madre y del hijo por nacer.

Si el ser humano vive cada momento conscientemente, también absorberá a cada instante las valiosas fuerzas vitales, también la madre para su hijo en desarrollo.

A partir del momento de la gestación, el embrión es dependiente tanto de la madre como del padre; del padre indirectamente a través de la madre y directamente de la madre.

De forma semejante a como las fuerzas positivas así como las negativas llegan al embrión a través de la madre, también una alimentación legítima o ilegítima influye en los seres humanos, en la madre y en el embrión.

La nueva era, la era del Espíritu, tiene como resultado seres humanos del Espíritu que son más sanos, por lo que también sus hijos llegarán a este mundo más sanos y fuertes. La nueva era conocerá cada vez menos enfermedades.

En las repeticiones, que son necesarias para una mejor comprensión, Yo, vuestro Redentor, Me esmero en mostrar desde varios puntos de vista los procesos y las cosas que influyen tanto positiva como negativamente en el ser humano, para que este capte Mi manifestación en todos los aspectos y conozca las causas que provocan los efectos.

Las cargas del alma son como imanes; ellas atraen lo que corresponde: catástrofes de la naturaleza, enfermedades infecciosas

La era del Espíritu conduce a muchos seres humanos que anhelan metas y valores superiores a las fuerzas más altas y a las vibraciones anímicas de armonía y paz. Las vibraciones superiores influyen positivamente en el ser humano. Armonizan el organismo y producen paz en su modo de pensar y actuar.

Cuanto más elevadas son las vibraciones del cuerpo y del alma de una persona, más resistentes son también las defensas de su cuerpo. Quien anímica y físicamente ya no está bajo la influencia de la irradiación de los astros, es decir, quien se ha elevado en su vibración por encima de la influencia planetaria, por encima de los cuatro niveles astrales, tiene un alma luminosa y espiritualizada y un cuerpo correspondientemente irradiado. Quien se ha elevado por encima del plano de acción de la constelación planetaria, está ya bastante libre de la ley de Causa y efecto, de la ley causal.

El desarrollo espiritual abarca también los genes y provoca que los factores hereditarios negativos sean eliminados o tengan un efecto limitado.

La naturaleza da múltiples ejemplos y comparaciones para el desarrollo, el llegar a ser, el crecimiento y la vida del ser humano, para sus golpes del destino y sus sufrimientos.

En los fenómenos de la naturaleza el ser humano puede leer los componentes de su propio destino.

Un ejemplo al respecto:

En un terremoto, la zona más estremecida es el centro en el cual el seísmo tiene su origen. Quien viva directamente en este lugar puede perder todo lo que tiene. Incluso puede ser alcanzado y herido por su propia casa que se derrumba. Es posible que a causa de un shock semejante su sistema nervioso sea perturbado. Uno se hiere por ejemplo al caerse la casa, otro muere, otro sufre un shock, otro sufre solo un susto. En esto puede reconocer el ser humano que lo sucedido tiene que ver con la carga del alma de cada uno. De acuerdo con su culpa del alma, la persona atrae las fuerzas negativas que entonces influyen en ella, por ejemplo, también mediante edificios que se derrumban. Las sombras del alma son como imanes. Ellas atraen desde afuera lo mismo o algo parecido.

Otro ejemplo:

Durante la erupción de un volcán, los sectores que están directamente al pie del volcán se inundan de lava. Por el contrario, lugares más distantes son afectados solo parcialmente.

Algo semejante ocurre con la vida de cada persona. Si esta se encuentra, por ejemplo, en su vibración a una gran distancia de un complejo vibratorio de gérmenes infecciosos, se contagiará débilmente y sentirá un ligero malestar. Pero si el alma y el cuerpo se encuentran en la cercanía o están incluso directamente en la zona de acción del germen, entonces la persona se contagiará con más fuerza. Según sea su culpa del alma, puede enfermar y llegar incluso a sufrir. Lo decisivo es siempre la clase y la intensidad de la culpa que está en la persona misma.

Quien está en armonía con Dios,
está también en consonancia con su cuerpo.
El cuerpo es el vehículo del alma

De manera semejante sucede en sentido positivo con la fuerza vital y curativa: Cuanto más se acercan el alma y el ser humano a la fuente primaria, a Dios, más sano, armonioso y apacible es el ser humano. Si él se ha acercado al origen divino, entonces fluyen en él más intensamente las fuerzas vitales y curativas y los grupos celulares están orientados hacia la fuerza espiritual.

Por eso aprende, oh ser humano, a dominar tu cuerpo. Controla tus pensamientos, purifica tus sentidos, así pasas a ámbitos de vibración más sutiles, a zonas en las que la luz, Dios, puede tener un efecto más intenso en ti.

En tanto el ser humano sea un juguete de sus pensamientos, no tiene dominio sobre sus sentidos; es el ser apasionado que a su vez solo crea otra pasión dolorosa que tendrá que sobrellevar.

Quien desee sanar o mantenerse sano tiene que ordenar sus pensamientos, controlar sus palabras y dominar sus sentidos. Entonces puede dominar su cuerpo. Si el ser humano está orientado de esta forma hacia lo divino, en todas las situaciones de la vida tiene las fuerzas espirituales conscientemente a su servicio. Quien vive en Dios puede mover montañas en sí mismo y a su alrededor. Esto significa que su palabra tiene poder y lo que le rodea está a su servicio.

Quien está en armonía con Dios, su Padre, está también en consonancia con su cuerpo. Esto significa que él no se quejará sobre su cuerpo ni se lamentará de su estado. Enviará pensamientos positivos de curación y paz a todo su cuerpo, a sus órganos, músculos, glándulas y hormonas.

Aquel que vive con Dios no se quejará por un malestar, sino que se preguntará qué es lo que lo apartó de su esfuerzo de vivir en unidad con Dios. Investigará la causa de la desarmonía. Luego reparará aquello que ha reconocido en sí mismo, para esforzarse en alcanzar nuevamente la unidad consciente con Dios. La unidad creciente entre el Espíritu, el alma y el cuerpo producen salud, fuerza y felicidad.

Quien vive en la unidad con Dios, vive conscientemente.

A quien vive en la unidad del Espíritu, alma y cuerpo, también le es posible invocar con éxito a sus órganos, al conglomerado celular.

A quien está en armonía con Dios le obedecen todos los planos subordinados, todo el organismo, por ejemplo, los órganos, glándulas y hormonas.

Quien está en armonía con la divinidad, tiene también un efecto positivo en los medicamentos, alimentos y bebidas.

Gracias a la comunicación con la fuerza universal, a aquel que es instruido espiritualmente le es posible establecer un contacto espiritual con cada órgano de su cuerpo, debido a que, como ya ha sido manifestado, cada órgano y cada célula poseen un estado consciente, un subconsciente y una consciencia espiritual.

Quien está en armonía con Dios es traspasado más intensamente en su alma y en su cuerpo por la fuerza espiritual. Esto significa que la consciencia espiritual de las células es activa y domina el consciente y el subconsciente de las células. De este modo, los grupos celulares orientados hacia el Espíritu reaccionan de inmediato a ondas mentales de alta vibración que el ser humano orientado espiritualmente envía a su cuerpo. Como todo el organismo es un complejo vibrante, en el que cada órgano vibra según su capacidad de irradiación, cada órgano puede ser también entonces invocado por el ser humano.

Los pensamientos y las palabras son fuerzas que son acogidas por las células y los órganos. En el organismo, en las células, se forma el eco.

Así como la persona piensa, habla y actúa, así reacciona su cuerpo, los grupos celulares.

La consciencia de los órganos reacciona tanto a impulsos positivos como negativos de la persona y a impulsos del ambiente que la rodea.

Quien ha aprendido a dominar sus pensamientos y sus sentidos, puede preparar también su cuerpo para la sanación a través del Espíritu.

Reconoce, oh ser humano, en Mis múltiples y repetidas aclaraciones, cuáles son las causas de todas las enfermedades y sucesos y de qué modo se forman.

Por eso únete conscientemente con el Espíritu universal, con tu alma y con tu cuerpo, con cada órgano.

Reconoce tu cuerpo como el instrumento de tu alma, como el vehículo del cuerpo espiritual que vive en tu interior. Tus pensamientos, palabras y obras y tu actitud ante la vida son el combustible para tu cuerpo.

Gracias a la técnica el ser humano posee máquinas, vehículos, aviones y muchas otras cosas.

Si el vehículo o el avión te tienen que transportar de un lugar a otro, o de un continente a otro, al depósito se le echa combustible y no agua. Al engranaje se echa aceite para máquinas y no aceite vegetal.

Tú sabes que la máquina de tu vehículo o de tu avión trabaja y rinde correctamente solo si recibe el combustible y el aceite para el engranaje adecuados.

El ser humano siempre se esmera en proveer a sus medios de locomoción, a sus máquinas y a todo lo que ha producido la técnica, con el combustible y la corriente adecuados.

Pero él cuida poco de su alma y del vehículo de su alma, el cuerpo.

El coche no se mueve ni el avión vuela sin el combustible correcto; y el cuerpo del ser humano no funciona sin el Espíritu, sin Dios.

El cuerpo humano es un cuerpo natural, cuyos elementos básicos, es decir, sus sustancias, son de la naturaleza. Por esta razón, el ser humano debería vivir con la naturaleza y reconocer en todas sus formas la fuerza propulsora, la vida, el Espíritu. De este modo podría darse cuenta rápidamente de que Yo, el Espíritu, estoy más cerca de él que sus brazos y piernas.

Si el ser humano se reconoce como una parte de la naturaleza, entonces se reconocerá también a sí mismo y comprenderá el efecto del Espíritu en la materia.

Así él también reconocerá que no es solo un cuerpo, sino que en su cuerpo existe un cuerpo espiritual que vive en su interior y que el cuerpo material es solo el vehículo de este ser espiritual interno.

El alma está encarnada para expiar en esta encarnación sus sombras o partes de las sombras, las cargas de las encarnaciones anteriores. Por esto, para el ser humano debería ser un mandamiento el mantener su cuerpo sano en base a alimentos sanos provenientes de la naturaleza, por medio de pensamientos altruistas y de una vida ordenada. Siente tu cuerpo como que es el vehículo de tu alma.

Únete con cada órgano dándole las sustancias alimenticias necesarias que están contenidas en la naturaleza: en los frutos del campo y del bosque. Vivifica el alma y el cuerpo con pensamientos positivos y alcanza así la unidad con el Espíritu.

Los órganos absorben gustosamente las sustancias de la naturaleza, si tú, oh ser humano, llevas una vida positiva y armoniosa.

Las personas que están en su mayor parte en armonía con su cuerpo, que en la vida diaria se comportan de acuerdo con las leyes de Dios, saben también cómo interpretar los impulsos de advertencia de los órganos. Esta sensibilidad la puede lograr todo ser humano, en tanto realice las leyes universales y de este modo alcance la unidad con la vida.

El ser humano es un hijo del universo. Él se encuentra por consiguiente en comunicación con las fuerzas cósmicas cuando su alma es luminosa y su carácter honesto.

Quien quiera por eso alcanzar la armonía con las fuerzas del Espíritu, tiene que transformarse en el vencedor de su naturaleza inferior, de sus pasiones y de sus sentimientos humanos egoístas. Tiene que romper las cadenas del odio, de la envidia y de la ambición, las cuales impiden a las fuerza divinas servir y ayudar al ser humano.

Cuando una persona atenta y despierta se esmera en alcanzar conscientemente la unidad entre el alma, el espíritu y el cuerpo, si está libre de ideas fijas, de deseos y actitudes de espera, habiendo alcanzado la madurez espiritual, su consciencia le puede manifestar lo que tiene que cambiar en su vida para que su cuerpo se fortalezca, alcance salud y capacidad de rendimiento. Si el ser humano ha despertado espiritualmente, a menudo es más conveniente que converse sobre su forma de vivir, sobre su actitud y su comportamiento, a que se decida en seguida por remedios naturistas o incluso por productos farmacéuticos.

Una forma correcta de pensar y una actitud sana ante la vida son más importantes que los medicamentos. Un ejemplo contrario: la actitud autodestructiva de un paciente

Quien reconoce su situación momentánea y cambia su forma de pensar, se prepara ya hoy para la época en que no habrá plantas curativas sanas ni tampoco medicamentos que puedan ayudar.

Tampoco los medicamentos naturistas deberían ser ingeridos imprudentemente. Una actitud sana ante la vida es mejor en algunos casos que remedios naturistas o incluso productos farmacéuticos.

Comprende que los pensamientos son fuerzas. Ellos influyen en el cuerpo y lo dirigen, también los deseos y la voluntad del ser humano. El cuerpo es influenciado de acuerdo con la intensidad de los pensamientos, sean positivos o negativos.

Todo aquel que sabe se esmerará en purificar y en mantener puros el alma y el cuerpo de toda sensación, pensamiento o palabra contrarios a las leyes de Dios. A esto corresponde también una alimentación sana.

Los efectos en el cuerpo tienen a su vez sus consecuencias en el alma. Así como el ser humano piensa, así es él, o así será.

Un ejemplo al respecto, del cual cada uno puede aprender algo para sí mismo o para su familia:

Una persona se siente hoy feliz. Ella afirma la vida, es amistosa con sus semejantes y está en armonía con su medio ambiente. Sus sentimientos son nobles, sus pensamientos buenos. Está convencida de que la dicha fluye hacia ella desde todos los aspectos de la vida y la suerte le sonríe. En su familia está todo en orden y todos están aparentemente en armonía. Sus amigos son uno con ella. Todo está bien. Está sana, se deleita con apetitos culinarios, alcohol y nicotina. El mundo es para ella como un sol resplandeciente.

Un día despierta de un sueño intranquilo. Siente un pequeño malestar. Sus pensamientos son turbios a pesar de que brilla el sol. Su alegría ha desaparecido. La asaltan preocupaciones y miedos. En la noche se sintió mal. En su cuerpo se empiezan a manifestar procesos que no puede definir y que por eso le dan que pensar. Está desalentada porque le duele el corazón y le cuesta respirar.

En el transcurso del día siguiente sufre mareos, cansancio y vómitos. La familia se preocupa y sus amigos le aconsejan ingerir este o aquel medicamento y hacer esto o lo otro. Se le aconseja consultar a un médico, el cual establece el diagnóstico: debilidad cardíaca o deficiencia coronaria. Le explica a la paciente algunas posibles secuelas.

Debido al diagnóstico y a las explicaciones la paciente se siente gravemente enferma e impedida. Preocupada por posibles consecuencias apenas se atreve a caminar y a respirar. Observa cada reacción y cada dolor de su cuerpo. «Estoy enferma», piensa y dice ella.

¿Qué sucede entonces con la persona que era tan alegre, cuyo mundo era un sol radiante y alegría sin reservas? Pensativa y triste está ahora sentada en una silla cómoda. El ambiente en que vive y habita es todavía claro y agradable. Pero ahora ella apenas registra su entorno. Su ánimo es sombrío. La persona está cargada de pensamientos de preocupación y enfermedad.

Los miembros de la familia participan de su enfermedad. Pero a pesar de todo continúan cumpliendo con sus obligaciones, también las relativas al deporte y al juego. También sus amigos siguen con sus deberes y placeres acostumbrados. La familia y también los amigos la llevan a ella, a la llamada enferma, a sus juegos y deportes, pero ella ya no puede practicar estas costumbres que le fueron tan queridas debido al diagnóstico médico y a sus propios temores. Se resigna y se compadece cada vez más. La consecuencia es que se aleja de todas las diversiones.

Tampoco realiza su actividad en su trabajo y en su casa porque el médico le ha recomendado tranquilidad. También ha tenido que cambiar de un día para otro su alimentación, sus comidas y bebidas preferidas. Todo lo que tanto le gustaba, aquello que antes la hacía sentirse alegre y feliz de la vida, lo experimenta ahora solo a través de segundos y terceros, es decir, solo al margen de los hechos.

El médico le ha recetado medicamentos que tiene que tomar con regularidad, pero a pesar de los remedios y de tomarlos como corresponde, no hay mejoría. Por el contrario, su estado es cada vez peor.

Debido a estos síntomas también la familia empieza a participar de la situación: esta y el círculo de amigos compadecen a la paciente. Se esfuerzan sinceramente en atenderla, debido a que está tan enferma, ya que quizás está incluso gravemente enferma y sufriendo porque tiene que renunciar a todo lo que le gustaba tanto. La compasión y el cuidado de la familia y los amigos van tan lejos, que le aconsejan mantenerse distante de todo tipo de actividad. Cariñosos y sacrificados, los miembros de la familia y los amigos ayudan a la paciente. A pesar del apoyo y de los buenos deseos empiezan a crecer en ella, lenta pero permanentemente resignación y desesperación. Como la enfermedad aparenta ser bastante duradera, la familia y los amigos se acostumbran a que la persona que una vez fue tan dinámica y sana ahora esté enferma, y tal vez de manera incurable. Con el paso del tiempo se va acabando también la predisposición de los demás a ayudar y la paciente, la enferma, se siente abandonada. Para la familia se hace natural que esté enferma, que necesite paciencia, cuidado y ayuda.

Los amigos, que antes la visitaban diariamente, vienen rara vez. Tampoco la hacen participar de su vida. De vez en cuando, si se presenta la oportunidad, llevan a su amiga enferma a sus juegos y deportes semanales. Pero ella solo puede ser espectadora y observadora. La enferma reconoce ahora que la vida le muestra otro camino. La enferma aparente, que con sus sentidos se apegaba y aún se apega al mundo y a sus amigos, se considera perjudicada por el destino. Se hunde cada vez más en la resignación y su ánimo se torna cada vez más apático. Se queja de que de un día para otro tuvo que renunciar a todo lo que hacía su vida valiosa y digna de vivir. El desengaño de sus semejantes, que ya no le conceden la atención suficiente, la conduce a una resignación más profunda, a la desesperación y a la apatía.

La consecuencia de esta profunda resignación, que se basa en una actitud equivocada ante la vida y en un falso tratamiento, son pensamientos de envidia. Ella envidia a cada persona por su salud, su suerte y sus alegrías.

De los sentimientos y pensamientos de envidia empieza pronto a crecer el odio por su familia y sus amigos, que como ella cree, la dejan sola con su destino. Celos, angustia interna, desaliento y desconcierto consumen su sistema nervioso y agravan así el estado de su enfermedad, que al comienzo fue solo un malestar.

¿Qué es lo que ha sucedido?

Esta persona orientada hacia el mundo apenas consideró y respetó las leyes de Dios; ella confió totalmente en el diagnóstico y en la explicación del médico. La consecuencia fue que su vida cambió de un día para otro. La persona que había sido sana hasta ahora, por recomendación médica tuvo que modificar de inmediato su alimentación, dejar el deporte y el juego y tomar sus remedios ciñéndose estrictamente al consejo del médico. El motor acostumbrado a rendir al máximo, el cuerpo humano sobrecargado por medio del deporte y de una alimentación opulenta, de alcohol y nicotina, fue detenido de un día para otro a consecuencia del diagnóstico del médico. La mencionada enfermedad tenía que ser de este modo frenada y sanada. El médico se basó solo en su diagnóstico; pero no consideró la situación de la afectada, especialmente su mundo de pensamientos, su manera de vivir hasta ahora y el pensamiento de tener que mantener el prestigio que se derivó de ello. Debido al corte inmediato de todos los hábitos, el organismo sufrió un shock enorme. La máquina de alta potencia ser humano fue frenada por completo de un momento a otro.

Una comparación:

Una máquina de alto rendimiento, no importa para qué fin haya sido construida por la mano del hombre, no puede ser nunca reducida bruscamente en su potencia. Se va bajando poco a poco la velocidad.

Del mismo modo habría que proceder con el cuerpo físico, que es comparable con una máquina de alta potencia.

El cuerpo del ser humano es un cuerpo energético, pues todo es energía. Debido al shock de estar tal vez enferma, de caer incluso en un estado de sufrimiento y de tener que dejar de un día para otro todo lo que hacía su vida valiosa, hizo perder a la persona su equilibrio interno. El motor, el ser humano, fue puesto bruscamente a media potencia. Por el shock de tener que dejar de pronto todo, cayó en una esfera de pensamientos de envidia y odio, en una fase en la que llegó a pensar en la autodestrucción. Así fue bajando cada vez más la vibración de su cuerpo. Debido a esta falsa forma de pensar fue atrapado por complejos de pensamientos que lo reforzaron en su forma de pensar negativa.

Se repite para que sea comprendido mejor:

Todo se basa en vibración. Lo igual atrae una y otra vez a lo igual.

La forma de pensar rencorosa y autodestructiva de la paciente crispó más y más su sistema nervioso, con ello también los finos nervios en los órganos, especialmente en los que estaban debilitados. Los pensamientos contrarios a las leyes divinas alteraron el circuito sanguíneo y el corazón.

Como el ritmo corporal descendió rápidamente y todo el cuerpo cayó en zonas de baja vibración, ni los diferentes remedios naturistas ni los medicamentos farmacéuticos pudieron producir un cierto alivio o incluso una sanación. La diferencia entre la vibración de la paciente y la de los medicamentos era muy grande. Tanto los medicamentos farmacéuticos como los naturistas tuvieron un efecto más bien destructivo en el cuerpo que una consecuencia estimulante y curativa. La acción negativa de los remedios se acentuó y atacó a otros órganos débiles y propensos a enfermar. La paciente enfermó más.

Debido a la forma equivocada de proceder del médico y también de la paciente, el malestar del principio se transformó en enfermedad con las correspondientes consecuencias. Las sensaciones y los pensamientos negativos de la paciente, el miedo y la preocupación por su vida fueron decisivos para transformar el malestar en una enfermedad. Por el falso modo de pensar, de hablar y actuar se contrajeron cada vez más el sistema nervioso y con esto también los nervios más sensibles que atraviesan los órganos.

Neurotoxinas. Fiebre nerviosa. Un comportamiento erróneo no solo puede conducir una enfermedad a la muerte, sino que el alma se lo lleva consigo

Nervios muy contraídos emiten sustancias venenosas que, según sea la vibración corporal de cada uno, atacan a órganos débiles o envenenan todo el organismo.

Yo, el Médico y Sanador interno, Cristo, vuestro Redentor, llamo a estos venenos los «venenos de los nervios», las neurotoxinas. Ellos pueden influenciar y dañar tan fuertemente al organismo de una persona, que esta ya casi no puede reaccionar a la acción de medios naturales o farmacéuticos.

Por medio de la excreción de neurotoxinas, puede ser provocada la fiebre nerviosa, que a través del sistema nervioso central pone en vibración a todos los nervios, de modo que todo el organismo es recalentado, esto es, expuesto a un exceso de calor. Estancamientos y calor, o incluso ardor es lo que daña los finos tejidos del cuerpo. Este calor desacostumbrado y enfermizo del cuerpo indica que el sistema nervioso sufre intensamente por la opresión del consciente y del subconsciente.

Los signos externos son que por cualquier pequeña impresión se producen baños de sudor. El afectado elimina con esto muchos oligoelementos, lo que va debilitando su cuerpo cada vez más y lo hace propenso a otras enfermedades. Estas características pueden ser también signos de una de las enfermedades más graves que ataca al ser humano de múltiples maneras.

Lo que Yo he manifestado y manifiesto aquí da una visión de la inmensa variedad de los sucesos y situaciones que se producen a cada momento en el mundo material. El ejemplo mostró que, como consecuencia de una culpa anímica eventualmente pequeña, que se liberó en la noche y apareció al despertar como un cierto malestar en el cuerpo, debido a pensamientos erróneos, a diagnósticos y consejos precipitados y falsos, puede formarse una enfermedad que conduce al debilitamiento total o incluso a la muerte física.

Lo que quedó en el alma o incluso fue reforzado por un comportamiento erróneo se lo lleva esta al reino de las almas después de desencarnar, después de la muerte del cuerpo. Con las mismas características y propiedades ella puede llegar a este mundo nuevamente en otro cuerpo, en otro tiempo o época.

Oh ser humano, reconócete y ten cuidado. Nunca permitas que un malestar se transforme en una enfermedad, porque observas temeroso el malestar y lo afirmas como una enfermedad

Toda persona tiene en cada encarnación esta oportunidad: activar en todo lo negativo la fuerza de los aspectos positivos. Solo quien se reconoce a sí mismo y cambia su comportamiento puede ayudar a otros. Cada transformación de la ignorancia al autorreconocimiento y a la experiencia se produce paso a paso

Conserva en todo la confianza y la fe en un poder superior.

Conserva un optimismo saludable a pesar de momentáneos sufrimientos físicos y dificultades. Afirma lo positivo en ti. Afirma la salud y la fuerza de tu alma y de tu cuerpo. De este modo en lo negativo invocas lo positivo, que con el tiempo predomina y transforma en positivo lo contrario a la Ley divina que aún tiene efecto. Si estimulas los aspectos positivos que existen como fuerza en todo lo negativo, entonces actúa lo positivo y elimina lo negativo, lo que está en contra de la Ley de Dios.

Las dos posibilidades están abiertas para el ser humano. Él puede atribuirse una enfermedad y activarla, o estimular la curación y sanar. Ambas fuerzas están como predisposición ya sea en el alma o en la persona. Estas posibilidades son oportunidades para cada ser humano en cada encarnación, hasta que el alma vuelva a transformarse en ser espiritual y viva otra vez en el Hogar original, en el que la paz y armonía absoluta son los principios básicos del amor.

La ley de Causa y efecto tiene efecto tanto en el alma como en el ser humano. Lo que el ser humano piensa y cómo vive, se traduce en el efecto.

Quien no ha practicado ni practica el autocontrol en su vida tampoco se reconoce a sí mismo.

El que no se conoce a sí mismo tampoco conoce a su prójimo. No está, por lo tanto, en condiciones de cambiar su vida.

Quien anhela una vida positiva, quien afirma lo bueno y depura sus sentidos, conoce también su cuerpo y puede dirigirlo del modo adecuado.

El imitador acepta todo lo que se le dice y aconseja. Para él es realidad todo lo que su prójimo dice, así como lo que se le recomienda para su cuerpo.

Si un médico o psicólogo no se reconoce a sí mismo, tampoco reconocerá al paciente ni al que busca ayuda. Él verá solo la apariencia, lo externo, y no captará la causa, aquello que sucede realmente. Tanteará en la oscuridad hasta que se analice a sí mismo y haya más luz y claridad en su interior.

Para llevar una vida consciente, para poder ayudar realmente al prójimo, aquel que desea ayudar tiene que investigarse primero a sí mismo y orientar su vida hacia lo espiritual. Solo después de esto le es posible reconocer a su prójimo y ayudarlo correctamente.

La transformación de la ignorancia en autoreconocimiento y autoanálisis no se produce de un momento a otro sino que paso a paso, según sea la medida en que cada uno practique el autocontrol y la realización. Esto conduce a un cambio total, hasta llegar a la espiritualidad pura.

Quien se reconoce a sí mismo se transforma; su vida se torna poco a poco positiva y consciente.

Así como el ser humano piensa, así es él. Y así como él piensa y vive, así reacciona.

Con su mundo de pensamientos, que es su vida, influye en todo su organismo, en cada órgano y en cada célula de su cuerpo.

Si la persona no ha puesto cuidado en sus pensamientos ni en su modo de vivir y empieza hoy a pensar positivamente, no puede esperar que su organismo, las células, los órganos, músculos, glándulas y hormonas cambien de un día para otro y reaccionen de inmediato positivamente. Se precisa de una transformación paulatina. Al ser humano orientado hacia el exterior no le es posible de hoy a mañana organizar solo positiva y altruistamente su forma de sentir, pensar y vivir.

Todo crecimiento está sometido a variaciones, esto lo experimenta también la persona que se aparta de la manera humana egoísta de pensar para pensar y vivir legítimamente, es decir, espiritualmente.

Por esto también sería falso poner al organismo a dieta de hoy a mañana. Los grupos celulares se resignarían, debido a que están acostumbrados a otro ritmo de vida y a otra forma de alimentación. Esta actitud equivocada tendría una consecuencia adversa en la persona, produciendo, por ejemplo, cansancio, agotamiento, desaliento, depresiones e incluso agresiones. Estas consecuencias en muchos casos irían dirigidas también en contra de aquellos que impusieron tal vez una enorme carga al paciente, al recomendarle que cambiara la alimentación de un día a otro.

El descontento de los afectados no se manifiesta solo en la familia, sino también entre los amigos y conocidos. Las personas a quienes se les quita todo de hoy a mañana se tornan rencorosas y se transforman en personas tiranas. Lo que se rebela en la persona son los grupos celulares, el consciente y el subconsciente de las células, que exigen aquello a lo que estaban acostumbradas. Por esto, el organismo debería ser transformado lentamente, sin fanatismo.

La terapia: Cuidadosa reorientación del organismo. El paciente aprende a prestar atención a las reacciones de su cuerpo. El paciente tiene que apoyar en pensamientos la terapia y estar dispuesto a sacar las consecuencias correspondientes

Todas las dificultades, los problemas y enfermedades tienen un origen anímico. Toda enfermedad tiene una causa anímica.

El médico y el paciente se deberían esmeran en encontrar juntos la causa de la enfermedad que siempre está en el aspecto anímico. La fuente de todos los malestares, de las enfermedades, preocupaciones y golpes del destino está, como ya he manifestado, en lo anímico.

Por eso se aconseja al paciente, entre otras cosas, observar más atentamente las reacciones del cuerpo. El cuerpo, el organismo, exige lo que desea o necesita a través de los órganos de los sentidos del ser humano. En la verdadera escuela para una vida sana, las exigencias y los deseos de los grupos celulares y del cuerpo son satisfechos solo parcialmente. Esto significa que lo que el grupo celular desea y no es legítimo, es reducido lentamente. Es un desacostumbramiento gradual de tradiciones y hábitos humanos hacia una vida de acuerdo con las leyes divinas.

Las células y los órganos se hacen notar a través de los órganos de los sentidos. A la persona que está atenta le indican lo que les falta.

Por lo tanto, el organismo indica a través de los sentidos lo que le falta, por ejemplo, de sustancias nutritivas que necesita para crear las condiciones necesarias para una sanación desde el interior. Por eso este método de sanación debería llamarse «Sanación por el Espíritu, Dios».

El cuerpo se prepara por sí mismo para la sanación por el Espíritu, cuando la persona respeta las señales de su organismo.

Si el espíritu, el alma y el cuerpo, están en su mayor parte en armonía, entonces tiene lugar la sanación por el Espíritu de Dios.

Si la persona reduce los alimentos estimulantes, que a menudo envenenan el cuerpo porque crispan los nervios, de modo que estos venenos sean eliminados, esmerándose en pensar positivamente, es decir, de forma divina, entonces él no pasará por alto las señales de su cuerpo. Le dará a su organismo lo que este necesita para prepararse para la sanación por el Espíritu.

Los médicos, a quienes Yo también llamo «apóstoles de la salud», se deberían esmerar en desintoxicar primero el cuerpo del paciente, antes de recetar los remedios naturales adecuados. Pues un sistema nervioso crispado y un cuerpo intoxicado por las neurotoxinas, que sufre de excesiva acidez, apenas puede absorber y transformar los medicamentos naturales. En estos casos ellos abandonan nuevamente el organismo sin haber alcanzado un efecto positivo.

Los médicos deberían promover entonces lentamente la reorientación del organismo, la desintoxicación y eliminación de ácidos. Se esmeran en tratar y estimular los grupos celulares de tal modo que den las señales correspondientes, para que el paciente pueda llegar a reconocer por sí mismo lo que es bueno o menos bueno para él.

Solo cuando el cuerpo reacciona, los órganos y los grupos celulares están preparados para contribuir activamente a la sanación. Solo entonces valora el organismo la alimentación correcta y sana, y sabe digerirla de tal manera que los órganos enfermos pueden recibir las sustancias que necesitan. Lo mismo vale para los remedios. Un organismo activo utiliza los alimentos y también los medicamentos como corresponde.

Sobre la preparación del cuerpo para la sanación espiritual existe una amplia terapia que Yo, el Espíritu de Cristo, expongo en esta manifestación solo de manera general.

Todo organismo vivo se manifiesta de la forma en que está programado. Si el programa que ha recibido es erróneo, tiene que ser readaptado lenta y cuidadosamente a una programación positiva. Esto significa que la persona tiene que afirmar y llevar una vida positiva.

Este aparentemente nuevo y profundo método de sanación para los seres humanos del Nuevo Tiempo viene de la verdad eterna, que fue solo sepultada por el intelecto y la vana ilusión.

La armonía produce salud.
Otras aclaraciones sobre las neurotoxinas

Comprended que los nervios son componentes básicos muy importantes del cuerpo humano. Si ya al comienzo del tratamiento a los nervios se les concede una mayor atención, el organismo recibe como consecuencia el primer impulso para colaborar positivamente. La persona se relaja y está dispuesta a transformar positivamente el medio que hasta ahora la ha moldeado y marcado, y a sacar las debidas consecuencias.

Al sistema nervioso se le carga principalmente a raíz de un modo de pensar erróneo, pero también con una mala alimentación. Grandes cantidades de alimentos también son un lastre para el sistema nervioso. Este se crispa y con el tiempo secreta sustancias que envenenan todo el organismo, si no se las reconoce a tiempo y no se desintoxica y libera al cuerpo del exceso de acidez.

Las neurotoxinas pueden provocar también parálisis. Si los nervios permanecen contraídos durante mucho tiempo y la persona vive sin cuidar de su salud, recargando el cuerpo con exceso de carne, pescado, nicotina, alcohol y otras cosas parecidas, entonces pueden aparecer parálisis de diversos grados de intensidad.

También la esclerosis, acumulaciones en los vasos sanguíneos, puede ser provocada por contracciones constantes de los nervios, los que además secretan neurotoxinas.

Las neurotoxinas pueden tener también un efecto contraproducente en los medicamentos y remedios naturales. Ellas alteran las propiedades de las sustancias vegetales y farmacéuticas y pueden conducir así a efectos secundarios.

El ser humano habla también de los llamados «venenos del alma». Pone en realidad lo anímico a la misma altura que el sistema nervioso. El alma, el cuerpo espiritual ensombrecido que vive en el interior de la persona, no emite venenos. Sin embargo, en el alma son registradas las causas creadas por la persona y se ponen de manifiesto en el cuerpo.

Para sanar y permanecer sano, el ser humano debería esmerarse en alcanzar la armonía en sí mismo y en el medio próximo que le rodea. Armonía produce salud.

Ayudar correctamente, sin dañarse a sí mismo u obligar al otro. El ser humano es el forjador de su destino

El ser humano debería también ahorrar fuerzas. Por ejemplo, pensar, hablar y actuar equivocadamente, así como hablar mucho, especialmente decir cosas sin importancia, le cuestan al organismo más fuerza que muchas horas de trabajo intenso llevado a cabo de modo concentrado.

Quien se apropia de los problemas y preocupaciones de su prójimo, reflexionando sobre su comportamiento, conversando mucho tiempo al respecto con el afectado, incluso tal vez enfadándose porque los viejos problemas y dificultades son actualizados una y otra vez, abre la propia puerta a las vibraciones de los problemas de su prójimo y las hace suyas. Se abre a raíz del disgusto sobre su prójimo, porque este habla una y otra vez sobre las mismas preocupaciones y problemas.

Las causas que hacen hablar a una persona reiteradamente sobre sus dificultades pueden ser muy variadas. Uno quiere, por ejemplo, darse importancia; otro quiere ser compadecido.

No está de acuerdo con la ley el hecho de que el oyente escuche siempre los mismos problemas y hable al respecto con la persona que los tenga. El oyente pierde fuerzas, las repeticiones agotan su sistema nervioso y de este modo en un oyente que esté débil pueden originarse malestares o enfermedades.

Por consiguiente, tales circunstancias pueden conducir a que aquel que quería ayudar y tiene que escuchar una y otra vez los mismos problemas, caiga también en la situación de que se contraiga su sistema nervioso y emita venenos que ataquen a su organismo y puedan provocar una enfermedad.

A cada persona le corresponde ayudar y servir a su prójimo, en tanto le sea posible, en base a su desarrollo espiritual y a sus posibilidades externas.

Pero no es un mandamiento espiritual el que una persona tenga que escuchar una y otra vez las dificultades y problemas de sus semejantes. Quien habla en toda ocasión de los mismos problemas y dificultades, no los quiere tomar en sus manos para superarlos, sino que con ellos quiere vanagloriarse, ensalzarse o despertar compasión.

Quien sirve de forma altruista, está protegido de cualquier ataque. Pero a él le corresponde igualmente ahorrar sus fuerzas anímicas y físicas.

Pero quien ayuda por vanidad, para recibir alabanzas y reconocimiento, desperdiciando así sus fuerzas anímicas y físicas, sufrirá por ello.

Quien escucha una y otra vez las preocupaciones y problemas de su prójimo, se enfada y altera a causa de ello y no aconseja al afectado a que por fin deje o repare lo que pertenece al pasado y está en contra de las leyes divinas, se contagia con las vibraciones de la persona que tiene problemas.

La ley también dice: Ayuda a tu prójimo lo mejor que puedas, en palabras y actos, pero no le impongas tu ayuda ni le obligues a aceptar lo que tú crees que sería lo correcto para él.

Si tu prójimo no quiere seguir tus buenos consejos ni aceptar tu ayuda, si solo se quiere dar importancia, entonces déjalo, pero no lo repudies. Si le has aclarado su situación desde el punto de vista de las leyes de la vida y él no quiere aceptar una explicación legítima ni la ayuda, entonces calla y reza más aún por él.

A todo aquel que vive practicando las leyes eternas le corresponde aclarar a su prójimo sobre la ley de Causa y efecto, diciéndole que todo lo que es humano inferior, todo lo que le conmueve, sean preocupaciones, sufrimientos, problemas, malestares y enfermedades, se lo debería entregar al Espíritu eterno, al Médico y Sanador interno y dejarlo también allí.

El que tiene conocimientos espirituales debería aclarar también a su interlocutor que busca ayuda, sobre el perdonar y el pedir perdón, para que este sea conducido por este medio al autorreconocimiento.

El Todopoderoso le ha dado a cada alma y a cada persona el libre albedrío como herencia. Por eso no obligues a tu prójimo a hacer tu voluntad. Cada persona tiene que reconocer que los motores de su vida son su propia forma de pensar y actuar.

Comprended: El hoy de una persona es su mañana.

Esto significa que lo que hace de bueno, menos bueno e incluso contrario a la Ley divina determina su futuro: su vida posterior en la Tierra o también su vida como alma en los ámbitos de purificación.

Cada minuto es valioso para el ser humano. Por eso, oh ser humano, ¡aprovecha cada instante, cada minuto!

El alma está en traje terrenal para aprender a vivir de acuerdo con las leyes divinas.

Quien no vive según ellas, o sea, quien no ennoblece su forma de pensar ni sus anhelos y deseos, tampoco aprende a pensar, hablar y actuar de forma divina, su vida no es otra cosa que un vegetar. Él desperdicia el tiempo y las fuerzas de esta existencia.

Cada persona es la forjadora de su destino. El yunque son las analogías en el alma y en el ser humano: los sentimientos, las inclinaciones, los deseos y el afán de querer.

En el yunque, en las analogías, pueden ser depositados otros instintos, tendencias, sensaciones, pensamientos, palabras y obras, según sea la forma de pensar, hablar y actuar del ser humano. Cada persona es por lo tanto la forjadora de su destino y la que da forma a su vida.

Quien vive con el mundo, está también sometido a la arbitrariedad de este mundo. Es un juguete de sus propios pensamientos y deseos y también de los pensamientos y deseos de sus semejantes.

La persona tendrá que vadear los pantanos creados por ella misma todo el tiempo que necesite hasta que llegue al reconocimiento y a la realización y despierte así a una espiritualidad más elevada.

La diferencia entre Redentor y Consolador

Quien vive en Mí, el Poder universal, recibirá consuelo, sanación y redención, pues Yo Soy no solamente el Redentor de todas las almas y seres humanos, sino también el Consolador en momentos de sufrimiento, dolor y necesidad. Consolador y Redentor son dos fuerzas en una fuerza, en Mí, en la fuerza de Cristo.

La fuerza parcial de la fuerza primaria es la fuerza de la Redención. De ella fluye también la fuerza consoladora, que concede esperanza y ayuda al alma atormentada y al ser humano esclavizado.

La fuerza redentora libera de ataduras a opiniones, ideas, filosofías y formas al ser humano de buena voluntad orientado hacia Mí. Ella eleva hacia la fuerza primaria al alma que ha despertado y siente añoranza de Dios, y la conduce poco a poco de regreso al regazo divino.

El alma aún débil y atada, y el ser humano, que a pesar de recomendaciones y aclaraciones espirituales no despierta ni siente añoranza de Dios, reciben la fuerza consoladora. Son almas y personas que, a raíz de sus cargas, son aún muy débiles para reconocer y comprender la verdad, para dar el primer paso hacia Mí.

La fuerza consoladora otorga alivio y ayuda al alma debilitada y al ser humano que está enfermo, sufre y tiene que cargar con su destino. Da fuerzas para soportar el destino. Produce en el alma y en el ser humano un alivio y una iluminación del ánimo. Hace nacer siempre nuevas esperanzas en el alma oprimida y en la persona atormentada.

El glorioso amor divino del Padre actúa de múltiples formas a través de Mí, Su Hijo, Yo, que representé la misericordia de Dios en Jesús de Nazaret.

La fuerza consoladora actúa también en todas las almas y personas que sufren también bajo las consecuencias de una culpa grave, que todavía no puede ser transformada porque sirve al alma en su desarrollo y madurez espiritual.

La fuerza del Consolador se concede también a las almas que en esta o en otras vidas terrenales vuelven una y otra vez al mismo nivel de consciencia para pagar una culpa grave. Estas son las almas en traje terrenal que durante varias encarnaciones pagan siempre la misma culpa del alma, que se impusieron en una de sus encarnaciones anteriores.

Según sea su intensidad, una culpa del alma de carácter grave no puede ser reparada en una sola vida terrenal, pues en este caso las fuerzas físicas no serían suficientes para ello. Es decir, la persona no podría soportar la carga de una vez.

Si la fuerza consoladora y sanadora, que está contenida en la fuerza redentora, no ayudara a las almas y personas aún débiles, muchos sucumbirían ante su destino.

Dios es amor. A todos los seres humanos y almas se les da amor, de acuerdo con su desarrollo y madurez espiritual.

La corriente parcial de la fuerza redentora, la fuerza del consuelo y de la sanación, no estimula todavía directamente la evolución en el alma y en el ser humano, sino que apoya, consuela, ayuda y sana, para que el alma débil y la persona angustiada sean fortalecidos y después puedan recorrer el camino de la evolución.

Si se sueltan las amarras de la grave carga del alma y en esta y en el ser humano empieza a brotar la vida espiritual, la fuerza redentora y edificante actúa más intensamente, para conducir al alma y a la persona a una espiritualidad más elevada.

Una gran carga del alma se puede haber formado también en varias vidas terrenales, en las que la persona ha cometido una y otra vez el mismo error. Bajo ciertas circunstancias tiene que ser expiada por partes en varias encarnaciones. Las almas y los seres humanos que están aún bajo estos efectos, durante este tiempo no harán muchos progresos en el camino de evolución.

Las culpas del alma y del ser humano pueden ser transformadas y eliminadas por Mí, el Espíritu de Cristo, solo cuando el alma y el ser humano estén dispuestos, a través de la autoexperiencia y del autorreconocimiento, a arrepentirse y perdonar, y a crecer y madurar espiritualmente por medio del cumplimiento de las leyes sagradas.

Solo cuando los errores, debilidades y pecados antiguos, siempre iguales o parecidos, cometidos una y otra vez, no se repitan más, empiezan el alma y el ser humano a recorrer el camino de la evolución espiritual.

Debido a que muchas personas son testarudas e inflexibles, el peso de la carga que ellas mismas se han echado encima es muy grande.

El Consolador, el Espíritu Santo, es también el Redentor, el Espíritu de Cristo, que actúa de muchas formas y maneras para dar apoyo a las almas y a los seres humanos, para ayudarlos y conducirlos al Hogar.

Yo Soy en Dios, Mi Padre, esta fuerza que consuela, que ayuda, que sana y que redime.

Yo Soy.

Recomendaciones provenientes del Amor y de la Sabiduría de Dios para los seres humanos del Espíritu

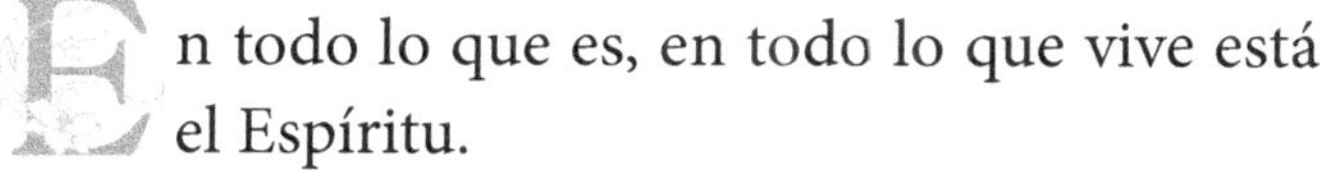

En todo lo que es, en todo lo que vive está el Espíritu.

El Espíritu eterno, la vida absoluta, es también el Consolador, el Sanador y el Redentor de cada alma y de cada ser humano.

La vida divina actúa directamente en la persona que está aún atada a la rueda de la reencarnación, debido a las cargas del alma que todavía no han sido reparadas.

El Espíritu eterno es armonía.

La armonía se manifiesta en colores, formas, sonidos, aromas, movimientos y palabras. Cuanto más viven el alma y la persona en consonancia con Dios, más fina es la irradiación del alma y del cuerpo. La vida de una persona así se manifiesta en el equilibrio de su ánimo, en los colores y diseños armoniosos de su vestuario, en los perfumes suaves y discretos que elige, en sus movimientos gráciles, estéticos, y también en su lenguaje espiritual, altruistamente amable. Esta persona está entonces en armonía.

El campo de vibración del alma y del ser humano se compone del conjunto de sensaciones, pensamientos, palabras y obras que el ser humano se ha impuesto, es decir, que se ha apropiado en el curso de sus encarnaciones, de sus peregrinajes terrenales.

Hasta que en el alma y en el ser humano se hayan extinguido todas las sombras, el peregrino hacia lo Absoluto experimenta altos y bajos, alegrías y sufrimientos, oscuridad e iluminación espiritual.

Los altibajos en la vida de un ser humano, las grandes fluctuaciones entre alegría y dolor, entre depresiones y esperanza, indican que la persona todavía está bajo la influencia de los astros y bajo la influencia de su medio ambiente. Cuanto más disminuyan en su intensidad y frecuencia estos desequilibrios, estos altos y bajos, más libres y luminosos se tornan el alma y la persona.

El ser humano tiene que ennoblecer sus pensamientos, reacciones y tendencias, y purificar sus sentidos, para crecer y madurar espiritualmente. Sin autocontrol el ser humano y el alma solo vegetan. Desperdician el valioso tiempo viviendo ciegos en la sombra de su ego, sin respetar las leyes eternas.

El libre albedrío que proviene de Dios significa: Yo, tu Redentor, Servidor y Ayudante, puedo socorrerte y liberarte de tu mal solo si te orientas a Mí. No bastan las oraciones vacías, sino exclusivamente la oración del corazón y el recapacitar en la forma de pensar, de vivir y actuar, de lo humano hacia lo espiritual. Sin esfuerzo propio no existe la realización ni el cumplimiento de las leyes sagradas, ni ningún camino hacia el Reino del Interior.

Se repite para una mejor comprensión: Lo que entra en la persona, lo que la altera, corresponde a su forma de ser, eso es ella misma.

Pero quien desee espiritualizar su vida y salir del campo de vibración de influencias contrarias a las leyes de Dios, del campo magnético de pensamientos, sentimientos y deseos humanos inferiores, para fortalecer, sanar y redimir el alma y el cuerpo, debería considerar lo siguiente:

Cada pensamiento inútil, caviloso, sin meta, cada palabra inútil, son fuerza desperdiciada.

Quien no tiene el control sobre su vida, su forma de pensar y actuar, agranda y fortalece su campo de vibración que está en contra de las leyes divinas, y puede descender, según sean las vías de pensamientos en que transcurre su vida, a esferas de vibración más bajas. Allí incrementa sus culpas del alma, hasta que este campo de vibración se hace activo e irrumpe como enfermedad o golpe del destino en el ser humano.

Si el alma empieza a liberarse de la rueda de la reencarnación y el ser humano ha pagado en su mayor parte todas sus culpas del alma, por medio de su vida orientada hacia Dios y a las leyes eternas y gracias a Mi misericordia, entonces él está libre, es armonioso e internamente equilibrado. Esas personas tienen una actitud positiva ante su prójimo y ante las cosas y sucesos de la vida. Se saben protegidas en el regazo divino.

Los seres humanos del Espíritu conocen la ley de Causa y efecto: En muchos casos tuvieron que sufrir mucho por su modo de pensar y actuar equivocado, para llegar de esta manera a reconocer: Lo que el ser humano siembre, eso cosechará.

A raíz de las lecciones vividas por ellos mismos, a la siembra y a su cosecha, se han vuelto sabios. Ya no son imitadores. Por supuesto sopesan lo que es erróneo y lo que es verdad. Sin duda escuchan los argumentos, las objeciones y los consejos de sus semejantes, y saben ordenarlos como corresponde, pero no se contagian con ello. No se alteran ni responden con argumentos que están en contra de las leyes divinas ni con expresiones cínicas, sino que dan una respuesta que nace de la Ley eterna.

Los seres humanos del Espíritu reaccionan a declaraciones humanas negativas, al cinismo y cosas parecidas, solo cuando se trata de rectificar una situación, pero no se defienden. No obstante, aducen objeciones precisas, que tienen como objeto hacer reflexionar al prójimo, pero sin herirlo.

Los seres humanos del Espíritu tienen un tacto y una comprensión muy finos, porque ya no piensan en sí mismos, porque ya están libres de pensamientos y deseos bajos.

La libertad y la unidad con lo divino les posibilitan ver las cosas y los sucesos así como son y no como aparentan. La apariencia engaña –el SER no.

Ellos toman y reciben de su consciencia espiritual desarrollada y por eso ayudan a su prójimo con su consejo e intervención, solo tanto como este lo comprenda y lo pueda aceptar del modo apropiado. Para todos encuentran la justa medida. Hablan solo lo que es necesario y legítimo. No van más allá de la capacidad de comprensión de su prójimo.

El ser humano espiritual seguirá los consejos bien intencionados de sus semejantes solo si estos son legítimos. Él no quiere corregir a su prójimo imponiéndole lo que es mejor. Agradece el consejo bien intencionado, pero no piensa más en él, si, gracias a su desarrollo espiritual, ha podido reconocer que la recomendación no corresponde a las leyes eternas.

Tampoco debería hablar con otras personas sobre el consejo que ha recibido de algún semejante, porque lo que su prójimo le ha confiado o transmitido concierne solo a Dios y a Su hijo, no a terceros o cuartos, a no ser que sea necesario para contribuir a aclarar algún punto.

Estas pequeñas y grandes observaciones, instrucciones, enseñanzas e indicaciones dadas por Mí, el Espíritu de Cristo, son legitimidades provenientes del Amor y de la Sabiduría divinos. Quien las respete y viva de acuerdo con ellas, encontrará la llave del portal de la vida, que Yo Soy.

Aquel, cuya forma de pensar y actuar es legítima, se convertirá en un portador de la energía de vida divina.

En tanto el ser humano siga cavilando sobre cosas sin importancia, hable detalladamente sobre ellas e incluso se enfade, moverá en su interior solamente las propias analogías, su ego. Esos son signos de la conducción indirecta de Dios.

Los seres humanos que están ocupados de sí mismos, que hablan mucho de su propia persona y reflexionan sobre sus propios asuntos, están todavía en la ley causal. Son guiados indirectamente por la Ley eterna a través de la irradiación de los astros. Por aquello que la persona se altera, algo igual o semejante a aquello que altera a la persona está siempre en ella misma.

Lo inferior no posee fuerza, a no ser que el ser humano le conceda energía por medio de su forma errónea de pensar y actuar, pues pensamientos, palabras y actos son energías.

Muchas personas se atemorizan ante enfermedades y golpes del destino. El miedo es una fuerza magnética, como lo es cada pensamiento, cada palabra y cada acto. El ser humano atrae aquello que teme y que mueve en pensamientos y palabras.

El temor, así como cada pensamiento, cada palabra y cada acto, tienen una causa.

Una causa del miedo puede ser, por ejemplo, el encubrir cosas o sucesos: El prójimo no debe enterarse de lo que ocurre en aquel que tiene temor. Quien siente miedo quiere sujetar o esconder algo.

El temor se basa eventualmente en anteriores fracasos, golpes del destino, preocupaciones, sufrimientos, decepciones y desavenencias que el temeroso aún no ha superado o que aún no ha perdonado a su prójimo. El temeroso tiene miedo de que le pueda ocurrir otra vez lo mismo o algo parecido.

El miedo puede venir también de las capas del alma, en las cuales hay todavía algo que no ha sido expiado. El que siente temor no debería simplemente tildarlo de superfluo con las palabras de que podría venir de vidas anteriores, puesto que la vida de cada uno es una totalidad. No hay separación entre aquí y allí, entre el pasado todavía cargado y el presente. El pasado afecta al presente, en tanto aún haya algo que no haya sido expiado.

El miedo como tal puede ser también un signo de que el pasado, lo que no ha sido reparado, empieza a aparecer y ahora tiene que ser purificado.

El temor no es otra cosa que un complejo de pensamientos en el que, bajo ciertas circunstancias, se manifiestan envidia, codicia, odio y celos. Estos pensamientos, palabras y obras aún no reparados, que tal vez tuvieron lugar en vidas pasadas, afectan ahora al alma y a la persona en esta forma de existencia; quieren advertir a la persona de que tiene que reparar lo que está pendiente.

Temor, manifestaciones de la conciencia o pensamientos contrarios a la Ley de Dios pueden ser a menudo advertencias. Mueven a la persona a perdonar lo que ha reconocido. Quien reconoce y acepta estas advertencias, aquel que purifica lo reconocido, camina por el camino hacia Dios y ya no tendrá que sufrir o soportar muchas cosas.

La petición de perdón al prójimo o al alma debería hacerse a través de Mí, Cristo, el Redentor de todas las almas y seres humanos. De este modo, al que pide al mismo tiempo se le concede protección: a él no lo pueden tocar almas a las que eventualmente se las toca a efectos del perdón, pues la persona que pide perdón está bajo protección espiritual.

También el ángel protector puede tocar a la persona y mostrarse como amonestador, cuando la persona piensa o habla erróneamente, o da instrucciones, y hace obras que no están de acuerdo con la ley. Quien está atento reacciona de inmediato.

Una persona no siempre sabe por qué tiene que pedir perdón o perdonar. Son impulsos que penetran en su mundo de sensaciones y la tocan, de modo que de pronto puede sentir: «Yo tendría que pedir perdón o perdonar; pero no sé por qué y a quién tengo que pedir perdón o tal vez perdonar». La persona despierta lo hará a través de Mí, el Cristo, y así encontrará libertad y paz internas.

Quien conozca estas legitimidades, reconocerá los signos que se hacen notar en su mundo de sensaciones. No importa si conoce o no al afectado, a quien tal vez perjudicó o del cual recibió daños –él no pregunta si son almas o personas que en esta o en vidas pasadas vivieron con él, a las que hirió, maltrató u ofendió, o que le ofendieron o maltrataron a él. Quien siente que tiene que pedir perdón o perdonar, no debería hacer diferencias sobre si conoce o no al afectado. A través de Mí, Cristo, él debería dejar que fluyera hacia el universo la petición interna de perdón, o perdonar a través de Mí.

Yo Soy el camino, la verdad y la vida. Quien manifiesta a través de Mí su petición de perdón, o quien perdona a través de Mí, puede estar seguro de que todo llegará en la hora y el momento oportunos y liberará todo lo que está atado.

¡Pide perdón de todo corazón a tu prójimo y perdona tú también! Pues una culpa o una causa nunca pertenecen a una sola parte. Si tu prójimo ha sido injusto contigo, perdónalo y no preguntes si tu prójimo que está implicado en la culpa ya te ha perdonado. De este modo el alma se limpia y puede recibir más luz y espiritualidad. Así, el alma y el ser humano se tornan benevolentes, amorosos y comprensivos.

Por lo tanto, lo externo o interno que influye en el ser humano, despertando en él intranquilidad y agresividad, es un rasgo característico del ego humano, pues lo igual mueve siempre lo que es igual.

El tiempo de misericordia

El amor de Dios fluye de múltiples maneras a este mundo, así también el tiempo de gracia para Sus hijos. Se le llama también el tiempo de misericordia.

El tiempo de misericordia se le concede a la persona que anhela llevar una vida como Dios quiere, que se esfuerza una y otra vez en cumplir las leyes eternas. Este lapso de clemencia adicional respalda los primeros pequeños y grandes pasos del alma y del ser humano en su camino hacia la perfección.

No obstante, el tiempo de misericordia está limitado a un periodo de tiempo determinado. Actúa y protege a la persona hasta que esta haya dado los primeros pasos seguros, por medio del reconocimiento y de la realización, en el camino hacia Dios, la vida. Si el que está protegido se ha orientado profundamente por medio de la realización a la meta de pensar y vivir de forma divina, el tiempo de misericordia, el tiempo de clemencia adicional se va retirando lentamente. El peregrino hacia la meta, Dios, continúa recibiendo energía de la fuerza universal, para que por medio del autorreconocimiento pueda arrepentirse de sus errores y superarlos. Pero la envoltura protectora del tiempo de misericordia ya no lo cubre más.

Durante el tiempo de misericordia, tanto la fuerza interna, el Espíritu Santo, como el espíritu protector, tratan de exhortar a la persona que está aún en el tiempo de misericordia, a través de impulsos internos así como conduciéndola mediante segundos o terceros, a que tenga un verdadero comportamiento espiritual.

El Espíritu de Dios y el espíritu protector obran incrementadamente a través de la conciencia. La conciencia es una función de determinadas neuronas y también del sistema nervioso.

Si el impulso para despertar, que proviene de la divinidad, es considerado solo un breve tiempo por la persona, si las enseñanzas y directrices legítimas son aceptadas de forma pasajera, siendo tal vez solo escuchadas, y la persona se entrega luego nuevamente al mundo con todas sus costumbres y vicios, la protección incrementada se retira.

Con su comportamiento la persona rechaza la ayuda de Dios. Esto no significa que también Dios retira la mano de Su hijo. Dios sigue conduciéndolo. Sin embargo, la ayuda para el comienzo espiritual, la protección adicional, se retira. El Espíritu respeta el libre albedrío de Sus hijos.

Todo es energía.

De la misma manera como tus pensamientos influyen en ti y dentro de ti, así como ellos reconstituyen y armonizan tu sistema nervioso, la caja de resonancia de tu cuerpo, o lo contraen y provocan disonancias, algo semejante puede producir el agua en ti: o te armoniza o produce desarmonías dentro y fuera de ti.

Así como los pensamientos fluyen hacia tu interior o salen de ti, así también puede actuar un chorro de agua cuando es conducido por tu sistema nervioso.

El agua es el elemento estimulante. Tiene el efecto de que alcances una vibración superior, que armonices tu sistema nervioso y seas estimulado así a pensar positivamente. Pero tú también tienes que poner algo de tu parte: tienes que dejar aquello que te preocupa y entregármelo a Mí, o bien, según sea la carga, purificarlo y ordenarlo.

Un chorro de agua templada, no muy caliente, que esté adaptado al calor de tu cuerpo, puede eliminar exteriormente muchas cosas y estabilizar y abastecer en sentido positivo tu campo magnético, tu aura.

Por lo tanto, si el chorro de agua es aplicado y utilizado correctamente, el agua magnetiza y dinamiza el cuerpo. Relaja el sistema nervioso, que lleva en y en torno a sí la fuerza vital.

Según sea la contracción y excitación de tu cuerpo, deja correr por algunos minutos o más un chorro de agua templada por tu espalda. Aplica el chorro caliente a la nuca. Al hacerlo relájate y libera tu consciencia de todas las sensaciones y pensamientos bajos, de todo lo que te trajo el día y te ha inquietado. Allí donde había pensamientos de preocupación pon pensamientos altamente vibrantes de paz, alegría, de unidad conmigo, tu Señor y Dios.

Si no puedes ponerte en armonía, escucha música armoniosa y agradable, mientras el agua, partiendo desde la nuca, fluya sobre tu sistema nervioso.

Gracias a este método son estimulados tanto el aparato circulatorio como también la fuerza espiritual en el cuerpo, en los nervios y en las células.

Comprende que la circulación sanguínea está bien y puede funcionar como le corresponda solo cuando el sistema nervioso esté relajado y las fuerzas del Espíritu puedan fluir incrementadamente.

Duchas de agua helada están en desacuerdo con la ley. Ni relajan ni armonizan, sino que crispan el organismo y provocan también contracciones y alteraciones en los nervios y tejidos, lo que tarde o temprano puede producir dolencias nerviosas o de otro modo causas y efectos. Como ya ha sido manifestado, el ser humano tampoco debería ingerir bebidas heladas, porque estas no son saludables para el organismo.

La persona tampoco debería entrar en el agua fría con el cuerpo caliente. Muchos saben que este shock puede producir una paralización del corazón. Lo mismo vale para el chorro o la ducha de agua muy fría.

Por tanto no produzcas un shock en tu cuerpo. Cada shock frío provoca una contracción del sistema nervioso. El agua puede ser tranquilizante y beneficiosa para el organismo siempre que se la aplique correctamente.

Si el agua es utilizada como terapia, entonces no solo es beneficiosa para el organismo, sino también para eliminar contracciones del alma, de modo que la fuerza espiritual puede fluir mejor y producir alivio y sanación. Pero todo tiene que ser hecho en la medida que corresponde.

Así como el agua demasiado fría conduce a contracciones, también el agua muy caliente puede afectar al sistema nervioso y debilitar el sistema vascular.

Después de un tratamiento a base da agua, interiorízate y entra en el silencio dejando actuar plenamente las energías que tienen efecto en ti. Si te es posible, tiéndete en tu lecho, cubre tu cuerpo con paños ligeros y tibios y permanece así, relajado, en la consciencia de la fuerza interna, en la consciencia de que Yo, el Espíritu, el Médico y Sanador interno, estoy actuando en ti.

Cuando después de algunos minutos te levantes de tu lugar de reposo, agradece a Dios, alaba y glorifica Su Nombre. Así influyes positivamente en tu conglomerado celular, en los órganos y en el aparato circulatorio. Es decir, tú estimulas tu cuerpo y así logras que aumente en ti la fuerza vital.

La terapia de agua, aplicada correctamente, es un medio de alivio y curación. Comprende que con ella puedes fortalecerte y sanar. Sin embargo, es importante que tus pensamientos y sentimientos estén con Dios, tu Señor, que también está y actúa en el agua.

Una ayuda y un método de sanación por medio de la aplicación del agua aún más efectivo es la invocación de los centros de consciencia con un fino chorro de agua.

Pero este método debería ser utilizado solo por personas que saben y son sabias y que tienen además conocimientos sobre la ley de la vida.

Quien lleva a cabo solo en forma deficiente esta terapia de agua puntual, puede producir en algunos casos más daño que provecho.

La terapia de agua tiene que ir acompañada igualmente de fuerzas de pensamientos que son positivas.

La aplicación exclusiva de la terapia de agua no produce un alivio y curación prolongados. Hay que hacer ambas cosas: La terapia de agua y la transformación de los pensamientos y obras. La persona tiene que afirmar las fuerzas de la vida que fluyen en su interior y que actúan también en el agua.

Todo es energía. Cada rayo de fuerza puede ser acentuado o debilitado por la fuerza de los pensamientos.

Así entonces, el chorro de agua, que también es energía, puede ser cargado con más fuerza, o bien debilitado en su efecto cuando los pensamientos del que busca sanación no están en orden. En este caso también es decisiva la actitud de la persona.

La vida, todo lo que existe, está al servicio del ser humano. El Sol, la Luna y las estrellas, todos los astros del universo material y parcialmente material son ayuda y conducción para el alma, el ser humano y los seres parcialmente materiales. Ellos estimulan también las predisposiciones hereditarias en las almas encarnadas, en los seres humanos, e incitan al alma y al ser humano –también a través de enfermedades y golpes del destino– al reconocimiento y al cumplimiento de las leyes de Dios. El ser humano es por lo tanto el forjador de su destino y el constructor de su vida.

A quien aprovecha y aplica las energías en sentido positivo, para el bienestar de la humanidad, le irá también bien. Quien utiliza entonces correctamente el agua, quien intensifica las fuerzas del agua con la fuerza de los pensamientos, estimula los átomos de su cuerpo. Con la terapia de agua los hace subir de vibración, por lo que la consecuencia puede ser sanación interna y externa.

Si el potencial de fuerzas del alma y del cuerpo es de alta vibración, es decir, si la persona tiene una actitud positiva, el potencial de energía del agua se adaptará más rápidamente al cuerpo. Después de un breve tratamiento se manifiesta ya una acción recíproca más acentuada, una comunicación entre las energías del agua y del cuerpo, lo que estimula la estructura atómica del cuerpo. Si la persona tiene una actitud negativa o pesimista ante la vida, el agua puede sin duda vitalizarla, refrescarla y estimular su organismo, pero este efecto no es duradero y por esto tendrá poco éxito, porque falta el efecto profundo.

Todas las fuerzas del infinito quieren servir al ser humano. Las fuerzas eternas son la Ley, Dios.

La ley espiritual dice: las cosas que son iguales se atraen, se refuerzan mutuamente y provocan aquello a lo cual el ser humano se orienta en pensamientos.

Los cuantos, las fuerzas espirituales parciales, son los portadores espirituales de energía: transmiten la fuerza espiritual a la materia, es decir, a los átomos materiales

La posición ante la vida y la conducta del ser humano en su modo de vivir son decisivas para el alma. Según como el ser humano piense y viva, así se magnetiza el alma. Por lo tanto, lo que el ser humano piensa y habla, así como su forma de actuar, son registrados por el alma.

Tanto el alma como el ser humano constan de átomos. El alma está formada de átomos espirituales, el ser humano de átomos materiales. Sin embargo, la energía espiritual irradia a lo material, es decir, a la fuerza que ha sido degradada. Esto sucede a través de los llamados cuantos.

Los cuantos son fuerzas espirituales parciales. Son componentes básicos para la vida material. La fuerza espiritual fluye a través de estas fuerzas parciales, de los cuantos, hacia el cuerpo físico. Pero antes actúan, sin embargo, los subcuantos, como Yo los llamo. Estos producen que la fuerza espiritual fluya a los cuantos. El ser humano no los puede ver porque son la sustancia espiritual pura del átomo material.

El átomo material es dependiente de la fuerza espiritual que está formada por átomos espirituales. Los subcuantos son átomos espirituales que emergen en la materia. Las fuerzas parciales espirituales, los cuantos, son en parte fuerza espiritual pura, y por otra parte energía transformada hacia lo inferior, o sea materia – dependiendo de la actitud de la persona ante la vida y de su conducta. Esto vale también para los cuantos en todas las formas materiales: Así como la persona piensa y actúa, así influye en su entorno.

La fuerza espiritual fluye de la siguiente manera al organismo del ser humano:

Las fuerzas espirituales parciales, los cuantos, son dependientes de la fuerza espiritual absoluta, de las siete fuerzas básicas de la Creación, las cuales son denominadas entidades y cualidades de Dios. Sin la fuerza espiritual no puede existir nada.

Repito una y otra vez conscientemente que todo es energía: Cada pensamiento, cada palabra y cada acto es energía. Debido a que ninguna energía se pierde, esta se tiene que manifestar dentro o fuera del cuerpo o a su alrededor o en la atmósfera.

Con esto, la forma de pensar, de hablar y de actuar de una persona determina también la cantidad y la eficacia de los cuantos. La persona misma determina entonces la intensidad y la cantidad de las fuerzas espirituales parciales, de los cuantos. Por eso, en los átomos materiales del organismo humano puede haber y actuar una cantidad mayor o menor de fuerzas espirituales parciales.

Como ya ha sido manifestado, la forma de pensar, de hablar y actuar de la persona es decisiva: Si el ser humano está demasiado orientado hacia la materia, es decir, si su actitud ante la vida y su forma de vivir tienden solo hacia la materia, si sus pensamientos son negativos, envidiosos, hostiles, si es agresivo, celoso, si es enemigo de su prójimo, entonces todas estas cosas humanas repercuten en la formación y en la actividad de los cuantos.

Un modo de vivir material conduce a que la actividad de las fuerzas espirituales parciales de los cuantos sea mínima. Actúan menos fuerzas espirituales parciales y los cuantos activos son visibles, o sea materiales.

Cuanto más espiritualizada esté la persona, es decir, cuanto más orientada esté hacia la Ley divina por medio de su realización, más fuerzas parciales espirituales hay en ella, en la estructura atómica de la persona, actuando ante todo en el ámbito invisible. De esto resulta lo siguiente:

Cuantas más fuerzas espirituales parciales –es decir, cuantos– haya en los átomos de la persona, más sano, flexible y espiritualmente activo es el ser humano.

Para una mejor comprensión de Mis hijos terrenales, repito: Las fuerzas parciales espirituales, los cuantos, nacen de los cinco tipos de átomos espirituales. Ellos son, entre otras cosas, como ya manifesté, los portadores de la vida de los átomos materiales.

Los átomos espirituales, la fuerza atómica espiritual, que está contenida en las partículas del alma, están en actividad constante.

El Sol Central Primario irradia a través de los segundos soles primarios, llamados también soles prismáticos, que dividen la luz primaria en siete por siete colores espectrales hacia el infinito. De esta manera, el Sol Central Primario abarca por medio de los soles prismáticos a cada forma de vida, también al alma y al ser humano.

Los seres espirituales, las almas y los seres humanos pertenecen respectivamente a uno de los siete soles prismáticos, que son llamados también las entidades y cualidades de Dios. Según sea la mentalidad del ser espiritual y del alma, están subordinados a una virtud o cualidad, a un sol prismático.

Como ya ha sido manifestado, todo ser espiritual y toda alma posee en sí el núcleo divino que no se puede cargar de culpa, que también es denominado el corazón espiritual del cuerpo espiritual. El núcleo divino está orientado hacia uno de los siete soles prismáticos, y a través de este hacia el Sol Central Primario. Cada alma y cada ser espiritual están unidos con el sol prismático al cual pertenecen la entidad y cualidad del ser espiritual o del alma. Ningún alma puede cambiar la entidad o cualidad de Dios, que actúa en él determinándolo. Esta es su rayo de nacimiento espiritual.

Cuanto más orientada hacia el núcleo divino esté la energía espiritual atómica en las partículas del cuerpo espiritual, llamado también alma, tanto más activo es este. De acuerdo con su mayor actividad, atrae más energía del infinito. Esto se manifiesta positivamente tanto en el alma como en el cuerpo.

Estas fuerzas energéticas espirituales multiplicadas no solo actúan en el alma. Una parte de estas energías espirituales fluye a través de los cuantos hacia los átomos materiales, las células, los órganos, glándulas, hormonas y músculos, a todo el organismo del ser humano. Todo sucede según el orden celestial. El ser humano recibe según sea su forma de pensar y vivir.

Las energías espirituales son fuerzas sanadoras y vitales.

Cuanto más receptiva sea el alma para las fuerzas sanadoras y vitales, tanto más recibe el organismo del principio divino.

Repito: Si el alma posee gran fuerza espiritual, si está traspasada por la luz, entonces también el ser humano está sano en su mayor parte y su vida es positiva. Esto influye a continuación en la cantidad y actividad de los cuantos. Él posee más fuerzas espirituales parciales, más cuantos, que en su mayoría son activos en forma invisible para el ser humano.

El hombre mundano, cuya alma posea poca energía vital, tendrá que cargar en esta vida o en una posterior con su destino forjado por él mismo, en tanto no reconozca a tiempo por qué vive como ser humano y no oriente hacia Dios su forma de pensar y su vida. La cantidad de fuerzas espirituales parciales en él es mínima, y estas son activas principalmente en el ámbito material, y por lo tanto visibles.

Que esta breve explicación sobre las fuerzas parciales espirituales, los cuantos, sirva a cada persona que tenga un cierto conocimiento sobre las relaciones de la llamada actividad de los cuantos.

En general es suficiente que Mis hijos sepan lo siguiente: Cuanto más fuerza espiritual pueda fluir al alma y al cuerpo físico, más sano y optimista es o será el ser humano.

Gracias a las fuerzas energéticas, el cuerpo físico alcanza vibraciones elevadas y se aparta de las esferas de frecuencia en que viven gérmenes de enfermedades y en las que formas mentales negativas tratan de influir en la persona.

Por medio de una vida de pureza de costumbres orientada a Mí, el Espíritu eterno, el alma se purifica del lastre que hay aún en ella, que puede provenir de vidas anteriores y de esta existencia.

Si con motivo del desarrollo espiritual del alma fluye más fuerza espiritual al alma y al cuerpo, también las fuerzas parciales espirituales aumentan en la estructura atómica del ser humano. Esto produce al mismo tiempo una mayor actividad de toda la estructura atómica de la persona.

Repito:

Los cuantos son, entre otras cosas, portadores de energía espiritual de los átomos materiales y fuerza vital para el ser humano. Ellos son también la llave para la salud.

Cuanta más fuerza espiritual fluye hacia la persona, tantas más fuerzas espirituales parciales se encuentran en los átomos materiales.

La fuerza espiritual determina la vida del ser humano. Cuanta más fuerza espiritual fluye hacia el alma y el ser humano, tantos más activos son los átomos espirituales materiales.

La cantidad de los cuantos determina también el destino del ser humano.

Comprende, oh ser humano: Todo se basa en energía. Las fuentes de energía superior influyen positivamente en todo lo inferior. Las fuerzas inferiores, todo lo que es contrario a la Ley de Dios, producen un bloqueo, un estancamiento en el ser humano y en todo lo que es material.

El bloqueo en el ser humano, provocado por la escasez de fuerza espiritual, produce por su parte múltiples reacciones equivocadas.

El alma del ser humano vino a este mundo para aprender y crecer espiritualmente. Quien se desarrolla y madura en el Espíritu de Dios puede pensar claramente. Los seres humanos del Espíritu no son distraídos, sino que son serenos en cualquier situación de la vida. Sus pensamientos no andan vagando sin una meta, sino que están ordenados y descansan en Mí, el Eterno. Al mismo tiempo están concentrados en el asunto o en la actividad presente.

Los seres humanos que tienen mucha fuerza espiritual son personas disciplinadas y concentradas. Lo que hacen, lo hacen totalmente.

Ellas ven cada situación con claridad y entereza, evitando así muchos peligros que les podrían afectar a ellas o a sus semejantes que viven a su alrededor. A través de la orientación concentrada hacia Mí, se produce rara vez un bloqueo en el organismo o un estancamiento en la vida de esa persona.

Comprende: Lo igual fecunda por su parte a su igual y así se refuerza: Cada sensación, cada pensamiento, cada palabra y cada acto busca a su igual.

También las fuerzas espirituales parciales en los átomos materiales, los cuantos, reaccionan al mundo de sensaciones y pensamientos de la persona así como a sus palabras y obras.

Las fuerzas espirituales parciales influyen también en el ritmo corporal del ser humano, de acuerdo con su actitud ante la vida y su forma de vivir.

En todas las formas de vida materiales se encuentran estos portadores de vida espirituales, las fuerzas espirituales parciales, también en los astros y en la naturaleza. En toda forma material, que, como todo, está compuesta de átomos, actúan las fuerzas espirituales. Sin las fuerzas espirituales no podría existir la materia. Si no actuaran las fuerzas espirituales parciales, no habría ningún átomo material.

Sean átomos o moléculas, en todo está el Espíritu. Sin el Espíritu, la vida no podría existir, pues el Espíritu es la vida.

El ser humano no ha investigado ni con mucho sus posibilidades internas, la fuerza de los pensamientos

Quien haya llegado a comprender que Dios es vida y que sin Dios nada puede perdurar, investigará sabia y profundamente, llegando al final a reconocimientos inesperados. Con el correr del tiempo reconocerá que la fuerza de los pensamientos lo puede mover todo, tanto en el ser humano como en torno a él, así como en todo el infinito.

La técnica de los seres humanos es un recurso, porque el ser humano todavía no ha investigado sus pensamientos y la fuerza de los pensamientos. Él investiga posibilidades y medios externos. Sin embargo, lo interno, que lleva todo en sí y que el ser humano solo puede intuir, eso no lo explora.

El ser humano no precisaría de la llamada técnica si un gran número de personas fueran de un espíritu, de una opinión: si descubrieran primero el Reino de Dios en sí mismas, el cual contiene todo lo que el alma y el ser humano necesitan.

Por eso está escrito: Esfuérzate primero en alcanzar el Reino de Dios y lo demás se te dará por añadidura.

Por medio de la fuerza de pensar positivamente, puede lograrse mucho –de acuerdo con el desarrollo del alma y del ser humano, todo–, lo que con la técnica es solo posible de forma limitada.

Detrás de la urgencia y del deseo impetuoso por la técnica, no hay otra cosa que la intuición del alma, de que en ella hay fuerzas no descubiertas, que son mantenidas latentes por una forma de pensar materialista.

Todo lo que existe estaría al servicio del ser humano, si este solo reconociera la existencia de la fuerza eterna, del Espíritu, y viviera de acuerdo con las leyes eternas.

Lo que en el mundo es creado por medio de la técnica corresponde a la intuición del alma. Las máquinas voladoras, los aviones, por ejemplo, no son otra cosa que la manifestación del interior: el presentimiento profundo del alma de que se podría elevar por encima de todo espacio, de todos los continentes y mundos si no estuviese atada por la forma errónea de pensar y actuar.

La búsqueda de medios productores de energía corresponde igualmente al presentimiento del alma de que la energía interna, la fuerza espiritual en el alma, puede producir todo lo que necesitan el alma y el ser humano, pues, como Yo he manifestado a menudo, todo se basa en energía.

En el alma se encuentran como esencia todas las energías cósmicas que podrían ser activadas por medio de una forma legítima de pensar y vivir. Como tanto lo positivo, lo legítimo, como también lo contrario a la Ley divina, lo ilegítimo, viene del interior, el ser humano mismo interpreta entonces la intuición del alma, cuando por una conducción equivocada transforma lo espiritual degenerándolo en materia. Lo pone entonces en práctica de acuerdo con sus cargas del alma. Tanto las energías divinas como también las cargas del alma penetran, partiendo del alma, en el organismo humano a través de los cuantos. De este modo es estimulado también el cerebro humano.

Si en las células cerebrales de una persona está registrado solo lo mundano, si ella, por ejemplo, busca fuentes externas de energía e inventa complicadas posibilidades técnicas para ganar energía, como consecuencia va cayendo cada vez más bajo la influencia de fuerzas que quieren provocar lo mismo o algo semejante en este mundo.

Por lo tanto, lo que está en el ser humano, lo positivo y lo negativo, se manifiesta en el mundo material, a no ser que lo que es contrario a la Ley de Dios haya sido reconocido y reparado a tiempo por la persona; entonces se produce en el alma la transformación de la energía negativa en positiva. De este modo también en el mundo se manifestará más lo positivo.

La armonía y la desarmonía, también en los reinos de la naturaleza, provienen del ser humano. La actividad de los cuantos en los reinos de la naturaleza

Así como el ser humano piensa y vive, en la misma medida influye en su medio ambiente. Él será movido por las fuerzas contrarias a las leyes divinas y estará sometido a su arbitrariedad todo el tiempo que sea necesario hasta que él renuncie a lo negativo, a lo mundano, al afán de presumir, y lleve lo bueno al mundo, obrando de forma altruista en beneficio de todos los seres humanos.

El alma está en el cuerpo humano para entregar al Espíritu eterno lo negativo para su transformación, de modo que el alma y el ser humano lleguen a una espiritualidad elevada y contribuyan así a una vida espiritual positiva en el mundo.

La vida espiritual se manifiesta también en las fuerzas espirituales parciales, que entonces no son solo más activas, sino que actúan también en el ser humano en forma más numerosa, especialmente en el ámbito que es invisible para la persona.

Las fuerzas espirituales parciales, mitad espíritu, mitad materia, o sea, los cuantos, son también las fuerzas que dan frutos. Ellas contribuyen, entre otras cosas, al crecimiento del ser humano, y sobre todo al crecimiento en los reinos de la naturaleza. Ellos estimulan la vida y el proceso de maduración de toda la naturaleza.

Si estas energías de la vida están en consonancia con el campo magnético terrestre y con las corrientes magnéticas, entonces se produce un crecimiento tranquilo y sano.

Las formas de vida de los reinos naturales no enferman, los frutos del campo y del bosque son sanos, las plantas florecen en abundancia. También las fuerzas elementales materiales, el fuego, el agua, la tierra y el aire, pueden actuar de esta manera juntas y de forma armoniosa y producir un equilibrio sano en la naturaleza.

Si la armonía de estas fuerzas se altera, los reinos de la naturaleza enferman, y también el ser humano, debido a que este es un cuerpo de la naturaleza.

La armonía y la desarmonía provienen del ser humano.

El comportamiento del ser humano con los reinos de la naturaleza, con toda la Tierra y en última instancia con el infinito, tiene su efecto en cada persona. Si el ser humano ultraja la Tierra y los reinos naturales, con ello interviene en el transcurso del orden, en la legitimidad de Dios. Como en todo el infinito todo está sintonizado para una función recíproca –lo grande influye en lo pequeño y lo pequeño en lo grande–, todo está unido magnéticamente. Esto produce un intercambio y un flujo constante de energía.

Si este intercambio energético es alterado, esto repercute allí donde se originó la alteración. Si partiendo de la Tierra todo el sistema solar está alterado, porque la Tierra ya no está en armonía con los astros, esto se manifiesta dentro y fuera de la Tierra. El apareamiento de los animales se altera, desaparecen plantas y otras aparecen, piedras y minerales adquieren una irradiación correspondiente, y los seres humanos que están orientados hacia la materia sufren también por esto. Todo está en comunicación recíproca.

Durante el tiempo de luna llena, las fuerzas espirituales parciales, que según su intensidad son una vez espirituales y luego otra vez materiales, actúan, por ejemplo, con más intensidad en las siembras y en todos los tipos de plantas que de acuerdo con las circunstancias florecen, crecen o maduran. Si el intercambio de la Tierra con los astros está alterado, se producen también a este respecto alteraciones en la Tierra y en el ser humano.

En el periodo de luna llena, las energías de la luna actúan más fuertemente en los órganos sexuales del hombre y de la mujer, y también en los órganos sexuales de los animales que tienen un alma parcial.

Si las fuerzas del hombre, de la mujer y de los animales que poseen un alma parcial no están en armonía y en un intercambio armonioso con la irradiación de la luna, las consecuencias pueden ser nacimientos de seres deformes o deseos anormales, por ejemplo, tener relaciones sexuales con el mismo sexo.

A toda persona se la exhorta a cada instante a recapacitar. Es decir, a través de la conciencia o por impulsos de su espíritu protector es animada a organizar espiritualmente su vida, a pensar positivamente y a ser altruista. De esta manera, las energías en el ser humano pueden ser armonizadas para estar en condiciones de comunicarse nuevamente con las energías eternas, cósmicas y armoniosas. La comunicación con las fuerzas cósmicas armoniosas produce tanto en el ser humano como en la Tierra paz, armonía y amor.

Quien reconoce la fuerza divina en todo lo que vive, y quien puede sentir la vida y reconocer en ella una parte de sí mismo, dará un vuelco positivo a su vida y de esta manera se acercará de forma altruista a su prójimo, reconociendo su vida en todas las formas de existencia. Quien se reconoce a sí mismo en la naturaleza, ya que cada ser humano es un cuerpo natural, llegará a ser poco a poco amable, afectuoso y benevolente con su prójimo.

Quien observe exactamente la naturaleza, reconocerá que ella es una parte de él.

En la naturaleza el ser humano puede reconocer su vida, tanto la vida positiva como Dios la quiere, como también la vida negativa, egoísta. La naturaleza le muestra al ser humano como él tiene que ser o cómo es.

El ser humano espiritualmente despierto reconoce que la vida forma una unidad. Seres humanos, animales, plantas y piedras, incluso los astros, forman una unidad. Quien haga que la naturaleza, las plantas y hierbas sean sus amigos, será guiado, fortalecido y vivificado una y otra vez por las fuerzas espirituales de la naturaleza.

Los seres humanos amantes de la naturaleza, es decir, las personas que reconocen en todo el poder de la energía eterna, Dios, pensarán, vivirán y también actuarán de forma adecuada a ello.

Muchas plantas son plantas curativas.

Si es posible, no solo se deberían utilizar plantas secas, que tal vez fueron recolectadas el año pasado. Se deberían aprovechar las plantas medicinales que cada estación del año regala al ser humano, o sea, las plantas medicinales frescas. En las plantas y hierbas frescas la actividad de los cuantos es mucho más intensa que en las secas. Por esta razón, las plantas o hierbas medicinales frescas tienen una vibración mucho más elevada que las secas.

En tanto haya todavía savia en la planta, el efecto en el interior de ella es más fuerte que en una seca. Esto significa entonces que las plantas que aún tienen savia o que están en crecimiento, tienen una vibración bastante más elevada que las secas. La fuerza vital de una planta fresca se manifiesta directamente en las cualidades correspondientes de la planta y también en el órgano que ha sido asignado a la planta. Una planta en crecimiento, o plantas o hierbas medicinales recién recolectadas, son irradiadas directamente por las energías cósmicas. Plantas y hierbas secas son irradiadas solo indirectamente, es decir, por la constelación planetaria que es efectiva en el momento de su empleo.

Las plantas y las hierbas pueden acoger también los pensamientos de las personas que las han cortado y secado o que las han comprado ya secas.

Todo es irradiación. Por eso es decisivo cuándo y dónde y con qué estado de ánimo fue cogida la planta.

También existe una diferencia si una variedad de planta crece a orillas de un arroyo o en un campo florido. Es algo diferente si una planta está al borde de un camino o si tiene su lugar en un jardín o en un campo.

Como todo se basa en irradiación y la irradiación es variada, un mismo tipo de planta puede tener diferentes propiedades según sea su lugar de crecimiento y las personas que la han cogido.

En los meses de invierno se emplean principalmente plantas y hierbas secas para efectos medicinales. Pero en este caso deberían usarse solo las hierbas que crecieron y florecieron a fines del verano o en el otoño, porque la actividad de los cuantos es más intensa en ellas.

Tan pronto como la fuerza espiritual fluye a lo material a través de los cuantos, ella se convierte en propiedad de la sustancia material y de la forma, de acuerdo con la actividad de los cuantos.

Esta forma es una manifestación de aquello que en el mundo es visible de la fuerza espiritual. La sustancia es la esencia, la vida para la materia, para los seres humanos, animales y plantas.

Sigo ahora manifestando: También las plantas, en especial las medicinales, se igualan en su forma a los órganos del ser humano. La forma de una planta indica a la persona sabia para qué órgano ha sido creada por el Espíritu creador.

La fuerza espiritual es la que, a través de las fuerzas espirituales parciales y de la forma, determina la propiedad de la planta medicinal tanto para el ser humano como para el animal.

La propiedad y la forma de diferentes clases de plantas son determinadas también por los campos magnéticos. Los campos magnéticos, que también determinan el crecimiento de las plantas, llevan en sí, en su vibración las características de los tipos de plantas. Esto demuestra por su parte que todo está contenido en todo.

Los campos magnéticos se diferencian en su vibración. Esto se reconoce por su parte en la vibración de los tipos de plantas, también en la vibración del ser humano y del animal.

Todo esto depende del lugar de crecimiento de la planta y de dónde vive la persona. Por este motivo, una misma planta puede tener diferentes propiedades: la misma clase de planta que vive a orillas del agua puede tener otras sustancias que la misma planta que crece al lado del camino. Los elementos de la planta que está cerca del agua contienen más componentes como hierro, fósforo y potasio. La misma planta a orillas del camino posee otros oligoelementos como, por ejemplo, cobre, níquel, plata o incluso mercurio. Depende entonces de la ubicación de la planta.

A pesar de estos diversos oligoelementos en una misma clase de planta, el Espíritu otorga proporcionalmente Su energía a cada planta de acuerdo con el desarrollo espiritual del tipo de planta.

Repito: Los cuantos y las otras fuerzas espirituales parciales aún no investigadas por el ser humano, forman el mecanismo para la transmisión de la fuerza espiritual a la materia. A través de estas fuerzas espirituales parciales, los cuantos, fluye la fuerza espiritual a los portadores de energía materiales.

La fuerza espiritual produce por lo tanto en el ser humano la actividad correspondiente de los átomos materiales, según sea su desarrollo espiritual.

También en los animales, plantas y piedras actúa la fuerza espiritual según sea su desarrollo respectivo.

En base al libre albedrío concedido por Dios, el ser humano puede intervenir en el curso legítimo de la armoniosa acción recíproca de las fuerzas y alterar sus funciones legítimas. Pero al Espíritu, que es la vida, no lo puede obstaculizar. El Espíritu permanece inmune ante el pensar, sentir y querer humano.

Los grandes cambios en el estado de ánimo de una persona se deben, por ejemplo, a la inestabilidad de su consciencia espiritual. Estos cambios de ánimo influyen en la actividad de las fuerzas espirituales parciales, es decir, de los cuantos. Si estos se inclinan más hacia el lado material, si son más activos en el ámbito visible, forman temporalmente una barrera y disminuyen el flujo de la fuerza espiritual. Esto puede conducir, entre otras cosas, a alteraciones de ánimo, a las que preceden pensamientos, palabras o actos negativos, que han llevado al bloqueo parcial de la fuerza espiritual.

Repito: Cuanto más fuerzas espirituales parciales sean activas en los átomos materiales, más sana es la persona –o más aceleradamente sanará.

Por eso, oh ser humano, a través de una vida positiva y de acuerdo con la ley, esmérate en ascender a ámbitos más elevados para encontrar las fuerzas armoniosas. En una irradiación superior, los gérmenes infecciosos no se sentirán cómodos y abandonarán rápidamente tu cuerpo.

Con respecto a los cuantos, esto significa: a raíz de un modo positivo de sentir, pensar y actuar del ser humano, la cantidad de los cuantos aumenta, con lo que la irradiación del ser humano se torna más luminosa y se amplía. La consecuencia es salud, dicha y alegría. ¡Vuélvete entonces altruista!

¡Empieza el día conmigo!
Orientación matutina

El ser humano no puede hacer nada por sí mismo. El cuerpo terrenal no puede vivir, a no ser que Yo, la vida, lo traspase, mantenga y vivifique. Reconoce entonces que tú no eres nada sin Mí.

Por eso deja el orgullo. El orgullo constituye la barrera para la humildad. El orgullo divide. La humildad une.

El humilde que sabe de la ley de la vida, que Yo Soy la vida, empezará el día conmigo, con la fuerza eterna, el Espíritu, y también lo terminará conmigo, la vida.

Los seres humanos humildes son hijos luminosos que no solo llevan luz a los cuartos oscuros, sino también a los corazones endurecidos. Ellos aclaran a menudo el corazón de un hombre de mundo que está cansado, lleno de preocupaciones, que empieza a trabajar de mal humor.

¡Empieza entonces el día conmigo!

Oriéntate diariamente cada vez más hacia las leyes eternas. Medita sobre la vida detrás de la materia y hazte consciente de que Yo Soy la vida.

Ábrete para las fuerzas del amor, amando de forma altruista a todos tus semejantes y a todas las formas de vida. Entonces fluirá hacia ti la fuerza de la vida y alcanzarás lo que Yo te he manifestado: Paz, armonía y amor. De ello nacen salud, dicha y satisfacción.

Ya por la mañana temprano deja fluir a tu interior pensamientos y palabras de alta vibración. Son fuerzas luminosas y claras que te armonizan y te dan una orientación positiva para el día que comienza. Afirma Mi fuerza en ti con palabras que tengan el siguiente sentido:

> Yo soy consciencia cósmica, un hijo del universo, provisto de la vida eterna.

Di hacia tu interior otras palabras con un sentido como el siguiente:

La vida es salud.

La vida no conoce enfermedades ni preocupaciones. Yo estoy sano y lleno de vitalidad.

Afirmo la fuerza del Altísimo en Cristo.
Mi jornada del día se realiza concentrada
y orientada hacia la fuerza vital que fluye
hacia mí, que se manifiesta eternamente.
Mis pensamientos permanecen ordenados.
Me concentro ahora en la tarea que tengo ante mí.

Me traspasan las fuerzas del universo,
porque yo soy un hijo del universo.

En mí actúa la plenitud de la divinidad,
la Ley eterna universalmente reinante
y conservadora.
La luz me inunda. Me libera.

Soy libre. Estoy concentrado y orientado hacia lo esencial.
En mí fluyen las fuerzas del universo.
A través de mí actúa la fuerza todopoderosa.

También los pensamientos de oración con el siguiente sentido pueden ser rezados varias veces hacia el interior. Ellos mantienen frescos al alma y a la persona y producen un fortalecimiento de la consciencia y la orientación hacia la actividad que tiene que ser llevada a cabo en el día:

Padre celestial,
Tu Espíritu vive en mí.
Yo soy Tu hijo, Tu hija,
eternamente viviente,
eternamente existente,
porque Tú eres la vida en mí.
Yo soy un hijo del infinito,
un ser cósmico, luminoso,
porque Tú, el Espíritu del infinito,
vives en mí.
Todo lo que me oprime y lo que quiere
influir sobre mi vida concentrada
y orientada, lo deposito creyente y lleno de confianza en Tus manos bondadosas.

A todos los seres humanos y almas, a quienes
no perdoné en vidas pasadas,
los quiero perdonar de corazón a través de Cristo, mi Redentor.

También pido perdón a todas las personas y seres sobre los que en esta o en vidas pasadas pensé o hablé injustamente o a los que traté equivocadamente.

También pido perdón
por mis pensamientos, palabras y obras contrarias a la ley que surgen una y otra vez en mí.
Quiero cumplir la voluntad de Dios.

Afirmo lo absoluto.
Cumplo la voluntad del Señor.
El amor eternamente fluente me ayuda.
Cumplo con el amor, la ley de la vida.
Él se manifiesta a través de mí.

Me confío al Espíritu omnipresente que es la vida, que guía los destinos del infinito
y los de todos Sus hijos.

El Señor anula lo que no está de acuerdo con la Ley eterna de la vida.

Pero la carga que tengo que llevar,
la llevo con paciencia.

Que se haga la voluntad del Señor.

Reconoce y toma en serio Mis palabras cada día de nuevo: Ve y esfuérzate de ahora en adelante en no pecar más ni en pensamientos ni tampoco en palabras y obras.

Entonces te resultará todo, en tu familia, en tu trabajo y en el mundo, lo que es bueno para ti y tu prójimo.

Habla poco y piensa menos todavía.

Habla solamente cuando sea esencial.

Siente con bondad y generosidad. Ennoblécete.

Realiza con serenidad tus tareas diarias, orientado hacia la armonía universal, a Dios. Entonces serás protegido por la fuerza todopoderosa. Esto vale para todas las personas.

Para los médicos: El exterior de una persona refleja las causas de su enfermedad

Estas indicaciones las deberían considerar ante todo aquellos que llevan responsabilidad por su prójimo. Me refiero en especial a los médicos, quienes frecuentemente manipulan el cuerpo humano y lo emplean como objeto de experimentación.

Quien no se reconoce a sí mismo, tampoco reconoce a su prójimo. Pero quien se reconoce a sí mismo, quien ha pasado por muchos sufrimientos y ha llegado a una vida como Dios quiere, reconocerá también a su prójimo.

Quien se reconoce a sí mismo, penetrará también en las capas más profundas del ego humano y reconocerá a la persona así como ella realmente es, y no como se muestra.

Esto es sobre todo de gran importancia para el médico que tiene que apoyar anímica y físicamente al paciente. Para investigar la causa de una enfermedad, el médico debería primero observar bien al paciente, pues cada reacción y movimiento del cuerpo, todo el aspecto exterior y también la dirección de las miradas del enfermo dicen mucho.

Si, por ejemplo, los ojos están inquietos, si el paciente no puede mirar al médico a los ojos, si mira al suelo o a la pared, entonces la base de esto pueden ser las siguientes causas:

Quien mira al suelo oculta dificultades o no quiere soltar el mal que lleva consigo.

La causa puede ser también timidez. Pero detrás de la timidez se esconde un complejo humano que ejerce influencia en el paciente y afecta al subconsciente y eventualmente a los órganos.

Quien dirige la mirada hacia la pared es obstinado. Él no puede o no quiere aceptar nada, tampoco al médico ni sus indicaciones y prescripciones.

Quien mira a través de la ventana quiere huir de lo que está en él y lo afecta. No se quiere aceptar a sí mismo ni al médico, ni tampoco quiere escuchar lo que este dice.

Quien desee investigar seriamente al paciente y a su alma, para llegar a la causa de la enfermedad, debería considerar la forma de hablar del paciente:

Hablar rápido indica inseguridad. El paciente quiere esconder algo que posiblemente podría ayudar a sacar conclusiones sobre el malestar o bien la enfermedad.

Una forma de hablar demasiado lenta delata a la persona letárgica. Una persona así tiene una capacidad de comprensión limitada. La causa en el cuerpo puede ser pereza de los órganos, debilidad de los vasos sanguíneos y de los intestinos.

También la forma del cuerpo indica lo que hay en el subconsciente o en el alma.

Las personas muy delgadas son a menudo pendencieras, dominantes y celosas. Todo lo que tiene que ver con manías o pasiones extremas debería ser considerado en este tipo de personas.

La gente obesa tiende a la desidia: son el tipo de personas cómodas que buscan las causas en sus semejantes, pero rara vez en sí mismas.

Las personas gordas parecen ser con frecuencia bondadosas, lo que en muchos casos es un engaño, a raíz de su negligencia.

Es engañoso entonces cuando se dice que las personas obesas son bonachonas. En muchos casos la apariencia engaña. A menudo son interiormente un volcán. Con frecuencia son demasiado indolentes para que dejen salir lo que piensan. Pero cuando realmente explotan, se ponen rojas de ira y excitación. Esto indica una actividad muy intensa del subconsciente.

El enrojecimiento o incluso el incremento de lo azul en las venas no solo le dice al médico que el subconsciente está hirviendo, sino también que debería examinar los nervios y la composición de la sangre, el aparato circulatorio y los órganos vasculares.

También la forma y el color de la vestimenta dicen al médico dónde tiene que empezar con el paciente, para encontrar las causas.

Para aquel que se conoce a sí mismo, cada persona es un espejo. Cada persona es un espejo que revela lo que esa persona piensa, cómo vive y dónde están las causas de la enfermedad o del malestar.

Las personas que se reprimen mucho, pero que reflexionan mucho sobre su prójimo y lo censuran, son personas muy rencorosas. Con sus pensamientos están a menudo en el pasado y cavilan sobre cosas ocurridas hace mucho tiempo y que ya no se pueden cambiar. A pesar de ello los sucesos pasados hace mucho tiempo las siguen ocupando. No pueden superar el pasado porque aún no pueden perdonar a las personas que en aquel entonces participaron en lo ocurrido.

De este modo el ser humano crea complejos de pensamientos que influyen una y otra vez en él mismo y dañan sus órganos débiles. La causa es no querer perdonar.

De esta forma, el subconsciente del afectado es recargado de forma muy intensa. La reacción del subconsciente apenas se percibe durante el día. Pero en la noche el subconsciente se activa e influye en los órganos. Durante el día la persona se puede controlar. Puede dominar la impaciencia o los arranques de cólera. Pero por la noche, cuando la voluntad de la persona está anulada en gran parte, el subconsciente tiene un efecto mucho más intenso en el alma y en la persona.

Sueños angustiosos que se manifiestan en diversas imágenes durante el sueño vienen del subconsciente. Sin embargo, se pueden mezclar con sucesos de vidas pasadas que están registrados en el alma, pues el alma también es más activa en la noche que en el día.

La consecuencia es que la actividad del cerebro no tiene descanso ni de día ni de noche. La persona es perseguida día y noche. Su sistema nervioso está excitado y los órganos no descansan y se van desgastando.

El cuerpo humano es un don divino para el alma encarnada. Por eso este no debería ser considerado como un objeto en el cual el ser humano puede probar sus artes por medio de experimentos.

El ser humano es un ser que proviene de Dios. Como tal debería ser considerado y tratado, esto es, según las leyes de Dios y no según leyes, doctrinas e ideas de este mundo.

Si la mayoría de las personas no escucharan a médicos mundanos y a teóricos intelectuales que conceden poca libertad a sus semejantes, sino que, por el contrario, les imponen sus conocimientos y su sabiduría estudiada esclavizando, es decir, haciendo dependientes de sí mismos y de drogas y medicamentos, a muchos de sus semejantes se podría llevar la luz a la oscuridad, a las causas de enfermedades y necesidades.

Con frecuencia se recetan medicamentos o se recomienda al paciente una operación, que más que beneficiarle le perjudica. Si el paciente tiene que sufrir por decisiones equivocadas del médico, a menudo toda su vida terrenal, el médico se siente rara vez culpable ante el afectado.

Visto desde el punto de vista humano, hay demasiadas disculpas en este mundo para aquellos que actúan sin escrúpulos. El número de los que obran sin escrúpulos es enorme. Ellos se protegen y se apoyan siempre recíprocamente y en muchos casos eluden las leyes terrenales, las que a menudo vigilan y sentencian solo a los mansos y pobres si estos las infringen.

Algo así es posible en este mundo, pero no ante la Ley eterna. A más tardar después de la muerte física las personas sin escrúpulos tendrán que reconocer y soportar lo que le causaron a su prójimo. Por eso que cada uno se examine primero a sí mismo antes de «echar mano» del prójimo.

«Perder el equilibrio» y sus consecuencias

El cuerpo humano se puede comparar con una balanza: El centro del cuerpo, que lo consideramos como la balanza, es el aparato digestivo y el plexo solar. Ellos velan por el equilibrio de la balanza, es decir, del ser humano.

Si el aparato digestivo es recargado con comida pesada y abundante, esto repercute en la mitad inferior del cuerpo. Más sangre de lo que es normalmente correcto es atraída por el órgano digestivo. El cuerpo se pone pesado en la zona inferior y lento en la superior, las células cerebrales se cansan.

Esta relación desigual se refleja entonces en el plexo solar. El sistema nervioso central se contrae. La persona se irrita y, según sea su mentalidad, la crispación provoca cansancio o agresividad.

También los condimentos picantes y las bebidas fuertes producen el desequilibrio de la balanza, del ser humano.

Cada alteración de la balanza es registrada por el subconsciente, pues toda alteración es una acción de los pensamientos. Las impresiones, los deseos e ideas registrados allí se activan e influyen más intensamente en la persona.

La persona cansada o agresiva se acuerda entonces de cosas y sucesos que tal vez ocurrieron hace mucho tiempo y que apenas recordaba. Debido a la desarmonía de la balanza, del ser humano, fue evocado nuevamente aquello que en el subconsciente estaba por apagarse o secarse.

Si la persona se detiene a pensar mucho tiempo sobre estos recuerdos, si se vuelve a enfadar, se produce en ella nuevamente una frustración, como antes. Revive de nuevo lo pasado, lo sucedido hace mucho tiempo. El subconsciente activo influye entonces en el cuerpo y en los órganos y tal vez altera también órganos que estaban funcionando bien.

De este modo se puede alterar también la composición de la sangre, porque los llamados venenos procedentes de los nervios son difundidos por el cuerpo y en el aparato circulatorio por medio de los nervios crispados. El cuerpo enferma. La persona lo ha envenenado porque ha movido y sigue moviendo pensamientos venenosos. En este caso, las causas fueron comidas abundantes, pesadas o picantes y bebidas fuertes.

El ritmo corporal se transformó. El organismo cayó en una vibración inferior. Esto activó el subconsciente. La persona empezó a reflexionar y cavilar cada vez más sobre el pasado. Los pensamientos son fuerzas que actúan en el cuerpo.

El efecto fue y es malestar, enfermedad o un golpe del destino.

Para que las siete fuerzas elementales puedan actuar en el ser humano, este tiene que orientarse primero hacia una vida positiva. Tiene que orientarse hacia estas fuerzas, para que ellas puedan llevar a cabo en él lo que él desea: salud, dicha, paz y armonía. Por esto, que cada uno empiece consigo mismo.

Todo lo que es puro se regala y fluye. Lo impuro ata y crea solo para sí. De esto resultan egoísmo, estrechez, discordia y lucha.

Por eso, oh ser humano, sé cuidadoso y aprovecha cada instante. Quien desee enseñar y conducir a seres humanos es responsable de ellos. Por lo tanto, las personas que ayudan con consejos y actos a su prójimo tienen la responsabilidad ante Dios y sus semejantes por lo que dicen y hacen. Quien quiera ayudar a su prójimo con consejos y hechos debería haber salido ya de la influencia de los ámbitos de purificación del Orden y de la Voluntad.

A los médicos, cirujanos y médicos naturistas: Conversación entre el médico y el paciente. Elaboración conjunta del diagnóstico. Causas anímicas. El ritmo corporal. Medicamentos de base natural. Potencias. Armonía de los médicos y del personal asistente. Mobiliario y decoración de la clínica. Cambio de ambiente como prescripción médica. Atmósfera positiva de la clínica. Música armoniosa y ejercicios físicos. Los enfermos graves. «Casas de la Salud». Consejos para la vida a través de seres humanos del Espíritu

Yo, el Espíritu que se manifiesta, Cristo, quiero prevenir a los médicos y cirujanos de este mundo y darles los siguientes consejos:

Esmeraos ante todo en investigar los pensamientos de los pacientes.

Observad su ritmo corporal antes de recetarles medicamentos o hacer intervenciones quirúrgicas.

Por la apariencia exterior del paciente un médico cuidadoso puede reconocer si existen problemas, dificultades o complejos, depresiones o desarmonías. Si hay algo al respecto, el médico debería investigar junto con el paciente lo que posiblemente está en el subconsciente o como analogía en el alma, en tanto esto pueda ser hecho consciente mediante conversaciones. Solo después de ello el médico debería recetar medicamentos.

La mejor medicina que un médico le puede dar a su paciente son pensamientos y palabras positivas, estimulantes. Dados por un médico, ellos pueden solucionar en el paciente más de un complejo, depresiones o complejos de inferioridad.

También se solucionan preocupaciones, necesidades, desarmonías y cosas parecidas si el médico trata al paciente como corresponde.

Apelo a los médicos y a los naturópatas; dadme a Mí, al Espíritu, la posibilidad de ser más activo en los pacientes, en Mis hijos humanos.

A todos los médicos y naturópatas les pido encarecidamente una vez más: Enseñad a los pacientes sobre la fuerza de los pensamientos positivos y sobre las fuerzas sanadoras en el alma y cuerpo. Al mismo tiempo les podéis recetar medicamentos de base natural, pero potencias bajas, que relajan y apoyan ante todo al sistema nervioso.

No recurráis por tanto de inmediato a medicamentos fuertes y al bisturí. Investigad primero el subconsciente de la persona y sus analogías del alma, aquello con lo que se tortura y confronta en pensamientos, e indagad qué causas existen en el subconsciente y en el ámbito del alma.

La condición para poder llevar a cabo esto es que los médicos y los naturópatas se hayan examinado primero a sí mismos y se reconozcan por la fuerza de la realización.

Todo ser humano consta de espíritu, alma y cuerpo. Quien trata solo el cuerpo, deja en el alma la causa y el efecto. Lo que queda en el alma aparece nuevamente en el cuerpo. ¿Cuándo? El momento lo determina la constelación planetaria y el ser humano mismo. Si una parte de la culpa del alma está en el subconsciente y no está aún activa allí, entonces la persona determina cuándo brota una enfermedad física. Su mundo de sensaciones y pensamientos es decisivo, así como también su comportamiento en la vida diaria, y de ella depende cuánta energía del cuerpo desperdicia hablando sin control o actuando excitadamente.

La naturaleza se regala de mil maneras en plantas y hierbas curativas. Han sido otorgadas por Dios al ser humano para mantener su cuerpo sano.

Sin embargo, las hierbas curativas suministradas en forma de infusiones o potencias, son solo un medio de ayuda y apoyo para las enfermedades. También actúan en parte en el ámbito del alma, pero no pueden eliminar una culpa.

Por el contrario, las potencias altas pueden influir en una culpa del alma e impulsarla eventualmente a salir antes de lo que es legítimo.

Esto significa que el alma y el cuerpo sufren más de lo que se les puede ayudar. Este proceder está en contra de la Ley divina.

Si la persona necesita plantas curativas para la sanación de enfermedades, las puede tomar, pero no se tiene que apoyar solo en ellas, porque la causa del mal está en la forma errónea de pensar y de vivir.

Quien absorbe conscientemente las esencias espirituales de las hierbas medicinales, con la fuerza de sus sensaciones y pensamientos, y orienta positivamente su vida, logra que también su alma sea inundada de vida y fuerza.

Pero una culpa del alma no puede ser eliminada con hierbas medicinales. Para esto el ser humano tiene que hacer su parte por medio de una vida como Dios quiere.

Evita también pensamientos de temor.

Comprende: Lo que no está en tu alma, tampoco te puede afectar, a no ser que actúes descuidadamente.

Si tu alma está ya casi totalmente purificada, si ya no tiene sombras oscuras, que son las analogías y constituyen los imanes para lo que es contrario a las leyes de Dios, tampoco te puede suceder nada que sea contrario a la Ley divina.

Otra cosa es cuando tú estás unido a varias personas por una misión espiritual, entonces la misión tiene prioridad y para ti esto significa especialmente: que el uno lleve la carga del otro.

Si en ti solo hay luz y claridad, atraerás solo lo luminoso, claro y amable. Tanto lo puro como también lo impuro en ti es un imán. Lo puro atrae solo pureza, lo impuro solo impureza.

Doy una regla para todas las personas que buscan:

No es la sabiduría de este mundo la que hace que una persona sea sabia. Solo el reconocimiento y el cumplimiento de las leyes espirituales iluminan al ser humano y lo hacen transformarse en un hijo de Dios consciente y sano, en un verdadero sabio.

Otra regla para médicos y naturópatas:

Quien desee ayudar verdaderamente a su prójimo, tiene que ayudarse primero a sí mismo, desarrollando en sí las fuerzas espirituales que actúan en él y poniéndolas al servicio de su prójimo.

Quien haya comprendido y realizado esto, no solo recetará medicamentos al paciente o tranquilizará el organismo con remedios. Él le explicará al enfermo que pensamientos, palabras, colores, formas, tonos, gimnasia física sencilla y meditación proporcionan la deseada tranquilidad y armonía, haciendo al mismo tiempo descansar al sistema nervioso con remedios de base natural y otorgando apoyo al cuerpo. Esta terapia total es efectiva para el alma y el cuerpo.

Las personas que se encuentran en la escuela del Espíritu, que viven practicando las leyes, podrían ser una gran ayuda para los médicos y cirujanos.

Los seres humanos del Espíritu ven más profundamente y pueden reconocer a menudo qué es lo que le falta realmente al paciente y dónde tiene que empezar el médico con su diagnóstico, para que el paciente pueda alcanzar alivio y sanación para sus sufrimientos. No obstante, es indispensable que el enfermo también contribuya a investigar y localizar las causas de su malestar o enfermedad. No es el médico el que puede diagnosticar solo, sino que el médico y el paciente establecen el diagnóstico.

Si el sistema nervioso de un paciente se ha serenado y estabilizado, se pueden buscar los síntomas, los signos y señales del cuerpo con más precisión. Todo cuerpo activo indica dónde le falta algo y qué le falta.

Quien ha aprendido a comprender el lenguaje de su propio cuerpo, el lenguaje de los órganos y células, puede también deducir el lenguaje del cuerpo de su prójimo, el lenguaje de los órganos y células. El organismo vivo da por sí mismo la respuesta a través de signos y señales sobre dónde está la causa de su enfermedad y cómo esta puede ser eventualmente eliminada, o qué se puede hacer para alcanzar alivio y sanación.

También el ritmo corporal indica alteraciones en el cuerpo. Él es, entre otras cosas, el barómetro del alma y del cuerpo. Tanto el médico como también el naturópata se pueden orientar por él para diagnosticar correctamente.

El ritmo del cuerpo del ser humano indica si a través de la persona fluye mucha o poca fuerza vital. La resonancia del sistema nervioso y de los órganos forma el ritmo corporal.

Las diferentes clases de plantas, hierbas, flores, árboles y arbustos tienen asimismo su ritmo especial, un tono cósmico, de acuerdo con su desarrollo espiritual.

Si el ritmo corporal del enfermo no está completamente en consonancia con el ritmo de la naturaleza o de una planta medicinal determinada, ni la naturaleza ni la planta pueden actuar en el órgano enfermo en la medida en que podrían hacerlo si el ritmo del organismo humano y de la planta estuviesen en sintonía.

Todo el organismo es melodía.
Cada órgano tiene un tono especial.

Todos los órganos juntos, también las glándulas y hormonas, producen la melodía del cuerpo. El ritmo del cuerpo corresponde al sonido del cuerpo.

Los tonos de los órganos no se pueden captar con los oídos ni con instrumentos humanos. Sin embargo, el ritmo corporal es visible y por último también audible. Una persona excitada provoca mucho revuelo a su alrededor. Una persona tranquila es recogida en sí misma y no llama mucho la atención con sus asuntos.

Las personas apacibles, cuya consciencia está instruida por medio de la realización de las leyes eternas, son personas despiertas, concentradas y receptivas. Los seres humanos tranquilos, orientados a Dios, captan en un instante más de lo que una persona bulliciosa a menudo puede comprender en horas o incluso en días y años.

Los seres humanos del Espíritu también están en condiciones de captar y absorber las sustancias materiales y espirituales de las hierbas, porque son equilibrados y están orientados al interior. Por eso tienen también un ritmo corporal armonioso que se iguala al ritmo de la naturaleza.

Quien quiera aprovechar las fuerzas cósmicas que actúan en la naturaleza, en todo lo que existe, tiene que estar primero dispuesto a cambiar su vida y orientarse hacia las fuerzas cósmicas, hacia las leyes del infinito y de la naturaleza. Aquí también vale: lo igual atrae a lo igual. Las fuerzas superiores se fortalecen y se fecundan mutuamente. Energías humanas inferiores despolarizadas de querer ser, poseer y tener actúan destruyendo y debilitando.

La orientación y la meta son decisivas. Si el ser humano no está en el ritmo de la naturaleza, si vive al margen de las leyes de la naturaleza, los remedios naturales pueden ser solo una ínfima ayuda para él.

Si los médicos, cirujanos y médicos naturistas respetaran Mi Ley eterna, podrían ser verdaderos servidores del Espíritu en beneficio de los seres humanos.

Este mundo necesita personas espiritualmente despiertas como médicos naturistas que se abastecen de la naturaleza y se sirven de las hierbas medicinales para ayudar y servir a su prójimo. Si los médicos, cirujanos y médicos naturistas les concedieran más importancia a los seres humanos del Espíritu, los hospitales serían más acogedores, las salas de operación más pequeñas, pero las salas de gimnasia y meditación más grandes. Entonces en los hospitales habría sanadores de Cristo que guiarían a los seres humanos, a Mis hijos, a la fuerza de Cristo en su interior, a la fuerza sanadora interna, y estimularían la fuerza espiritual en su interior para que tuviera una mayor actividad.

Todo ser humano anhela, según sea su estado de consciencia, en mayor o menor medida belleza y un ambiente acogedor; esto está condicionado anímicamente. El ser espiritual, que por su carga se llama alma, vino de la pureza y de la belleza. Posee todas las fuerzas armoniosas del Amor y de la Sabiduría. Lo divino en el alma recuerda al ser humano lo perfecto, la pureza y belleza de los Cielos. De allí vino el ser espiritual, y hacia allí volverá a través de Mí, el Cristo. El alma transmite estos impulsos a la persona, la que entonces desea elevarse con lo armonioso y bello. Por esto la persona no debería imponerse privaciones, creyendo que porque ha despertado a la espiritualidad, tiene que vivir en cuevas o en casas medio destruidas.

Muchas personas opinan que quien ha despertado a la fuerza interna, a la espiritualidad, ya no requiere más cosas externas. Eso es una equivocación. Se dice: Así como en el interior, así también en el exterior. Aquí no se trata de lujos, sino de todo lo hermoso, noble y natural, es decir, de aquello que también es posible.

Quien contempla la Tierra, reconoce la abundancia y variedad con que se muestra lo divino, con sus colores y formas, con sus minerales, plantas y animales, para que el ser humano se alegre y su alma se eleve a ámbitos cada vez más bellos y puros.

Las personas del Espíritu deberían arreglar el medio en que viven de una forma bella y agradable, pero no vivir con lujos y excesos.

Así como la persona piensa, así vive y obra. Algo parecido sucede también con su entorno. Colores, formas y tonos armoniosos son imprescindibles para el ser humano. Tienen un efecto positivo en el alma y el cuerpo y hacen que su vida sea armoniosa. Más de un pensamiento negativo y meditabundo desaparece al contemplar un cuadro hermoso o un paisaje hermoso, o una habitación amueblada armoniosamente.

Armonía es la vida del cuerpo humano.

Si el ser humano vive en desarmonía constante, él mismo acorta su vida terrenal. Debido a la desarmonía mueren más rápidamente las células de determinadas zonas del cuerpo. De este modo no siempre es segura la formación de nuevas células en la medida necesaria. Esto conduce a graves complicaciones en el organismo, porque las células frescas tienen que rendir más. Esto conduce a un debilitamiento de los órganos.

Las vibraciones desarmoniosas influyen también en los genes, en los caracteres hereditarios, y bajo ciertas condiciones despiertan caracteres que no contribuyen al bienestar del afectado, y que tal vez no tendrían que haber sido experimentados y vividos, si la persona hubiese vivido y actuado de acuerdo con las leyes divinas.

Cada uno es, por lo tanto, el organizador de su vida y el forjador de su destino.

La armonía prolonga la vida terrenal. La desarmonía acorta la vida terrenal.

Por esta razón, especialmente en las clínicas se debería conceder gran importancia a los colores, a las formas, tonos y aromas armoniosos.

Las personas enfermas, postradas en cama, tienen mucho tiempo. Ellas captan el medio ambiente mucho más intensamente que las personas sanas, que permanecen poco tiempo en las habitaciones. Los enfermos son también en general mucho más receptivos que los sanos para captar su entorno. Ellos no solo registran lo armonioso o las disonancias, sino que las acogen también en lo más profundo de su interior.

Las armonías que se manifiestan en colores, formas, aromas y sonidos son un consuelo para el alma. En base a ellas el alma se reconforta. Eso es su vida. Ella se acuerda de su Hogar eterno. A través de este recuerdo libera fuerzas positivas como alegría, esperanza y confianza. Ellas son el mejor medicamento para el organismo.

El fallecimiento del cuerpo físico está basado ya en el primer grito del recién nacido. De acuerdo con el estado del alma y con la carga del alma, al cuerpo humano se le concede un cierto periodo de tiempo.

Sin embargo, cada uno decide por sí mismo con su forma de pensar y de vivir si su cuerpo terrenal muere anticipadamente o alcanza las fronteras de la vejez, o si él recibe la misericordia de vivir mucho tiempo, lo que eventualmente puede excluir para él la posibilidad de una nueva encarnación. Lo que en la Tierra se puede expiar en años, en el ámbito sin tiempo ni espacio con frecuencia solo se puede reparar en un ciclo muy largo.

Por eso, oh ser humano, esmérate en llevar una vida armoniosa. Observa tu comportamiento y reacciona en concordancia con la ley espiritual cuando pensamientos humanos de odio, envidia, hostilidad, celos y pensamientos sobre el pasado quieran estremecer tu alma y tu organismo.

Las personas equilibradas tienen un efecto en sus semejantes como lo son los primeros rayos del sol primaveral o como varios soles cósmicos.

Gracias al equilibrio de una persona orientada a Dios, también el prójimo con quien se encuentra, con el que se topa, puede encontrar nuevamente la armonía. Por eso siempre depende de cómo tú mismo te acerques a tu prójimo, y no de cómo él se tiene que acercar a ti. Quien busca armonía, encontrará también armonía.

La medida de armonía que tú irradias influye también en tu prójimo. Así como la hostilidad y la antipatía son contagiosas, así también se puede transmitir la armonía.

La armonía de los médicos, del personal y de la decoración de los hospitales produce esperanza, confianza y paz en el alma y en el cuerpo del paciente.

Quien ha alcanzado la armonía es guiado poco a poco desde su interior. Él ya no busca pruebas. Él tiene la prueba en su interior.

Quien irradia armonía desde adentro hacia afuera está cerca de Mí, el Eterno.

Los hombres mundanos, cuyos sentidos están orientados hacia el exterior, buscan pruebas constantemente. Sin ellas apenas si son capaces de aceptar nada. Hablan y discuten durante horas sobre aquello que de todos modos no pueden comprender, desperdiciando así mucha energía vital. Quien discute, tampoco está convencido de aquello que expone a sus semejantes.

Un verdadero conocedor es un sabio. Él no discute, él sabe. Solo los ignorantes discuten. Las discusiones afectan al nervio vital y cuestan mucha energía vital a todos los participantes.

Las personas que se concentran solo en la materia, quieren imponer su opinión y que sus conocimientos sean reconocidos. Con esto el organismo se crispa cada vez más, pues, tan pronto como la persona quiera algo por sí misma, se violenta a sí misma.

A raíz de discusiones se forman edificios mentales de dimensiones incalculables. Ellos corroen por su parte al nervio vital de los implicados y con frecuencia conducen a una persona sensible y débil a la violencia y a otros excesos, hasta llegar a la inmoralidad.

Excesos y actos que suceden en algunos casos después de una discusión acalorada revelan poca energía. La persona ha desperdiciado mucha energía vital hablando cosas sin importancia, discutiendo. La pérdida de energía vital produce contracción. Esta impulsa entonces al desahogo, al descanso. La persona pasa entonces a las vías de hecho o busca desahogo a través de excesos de diversos tipos.

Pero quien es cuidadoso con sus energías vitales, se sensibiliza para fuerzas vitales más elevadas.

El camino hacia la espiritualidad, hacia la sensibilidad para valores más elevados, produce una vida equilibrada, armoniosa y altruista.

Como ya lo manifesté, las personas que se encuentran en la transformación de lo humano, material, hacia lo espiritual superior, se transforman también con respecto a su aspecto exterior, a su vestuario y a su vivienda.

Las personas del Espíritu se visten ordenadas y limpias. Los colores de su ropa se combinan armoniosamente. Prefieren géneros ligeros y claros, así como su interior es luminoso, ligero y pleno de sol.

Lo mismo sucede en sus viviendas y casas. También allí cambiarán muchas cosas cuando el ser humano haya despertado de lo material a lo espiritual, cuando la luz interna irradie poco a poco hacia afuera y busque manifestarse en el exterior. Los pisos y las casas de las personas espirituales serán más luminosos, los muebles más delicados y claros.

Así como un ser humano es en su interior, igual o de forma parecida se muestra a sí mismo y a su medio ambiente en su aspecto exterior.

El vestuario y la vivienda reflejan el interior de una persona. El lujo no es un signo de belleza interna, sino la sobriedad del vestuario y de la vivienda y sus colores y formas claras y luminosas. La persona muestra exteriormente su estado interior.

Con esta repetición reitero mi llamada a los médicos.

Para organizar armoniosamente la vida del paciente y alcanzar una armonía profunda del alma y del cuerpo no hay que considerar solo el aspecto de los medicamentos. En lo que hay que pensar más es en la armonización del alma.

El médico debería cambiar su forma de pensar y, por ejemplo, como una ayuda para sanar, recomendarle a sus pacientes ropa clara y luminosa. Los colores tienen que combinar armoniosamente entre sí. También el cambiar de vivienda o de muebles o empapelar las paredes cambian el estado de ánimo del paciente. También sería recomendable cambiar de medio ambiente.

Justamente un cambio de medio ambiente es a menudo decisivo: El nuevo entorno despierta tanto en la persona sana como en la enferma una forma de pensar totalmente diferente. Si se libera de los complejos de pensamientos que están adheridos a las paredes, a los muebles, al vestuario y a objetos de todo tipo, que influyen en él y lo estimulan de un modo determinado, entonces se le abre un mundo diferente. Despiertan tal vez pensamientos positivos y producen armonía en el alma y en el cuerpo.

Las impresiones siempre iguales, el ambiente conocido, influyen constantemente en la personare y le recuerdan al pasado o hechos que a menudo puede superar solo por medio de un cambio de ambiente o de una transformación total de sus antiguas costumbres.

Un cambio de las circunstancias externas es frecuentemente más saludable que cualquier medicamento, o logra que las medicinas o los remedios de base natural surtan efecto.

También sobre los efectos de los aromas, la humanidad debería estar informada, especialmente el médico, para que pueda atender a su paciente también en este aspecto.

Los olores fuertes, en una persona que ya tiene una tendencia al sentimentalismo, pueden conducir a que ella se canse de vivir.

Los aromas se hacen notar en el alma y en el ser humano. Entre otras cosas pueden alterar o incluso dañar al sistema nervioso. Por esta razón, los olores artificiales deberían ser usados solo de vez en cuando y en pequeñas dosis.

Comprended: De un alma sana y luminosa fluye también un halo agradable de la vida interna, el aroma de la existencia pura, porque el alma se ha vuelto clara y luminosa.

De este modo también el olor del cuerpo indica también cómo está constituida el alma.

Si la persona aprende a pensar de acuerdo con la Ley, vivirá también legítimamente.

La vida como una totalidad es melodía y aroma.

El alma y el ser humano huelen según su forma de pensar y de vivir.

Todas estas indicaciones son enseñanzas para la vida, para sanar o permanecer sano. Tienen también validez para los médicos, que cargan con una gran responsabilidad respecto al bienestar o malestar de sus pacientes.

Si los hospitales fueran arreglados de forma más agradable y no despertaran solo la impresión de enfermedad, sufrimiento y muerte, en estas casas también habría más personas contentas y con una actitud positiva. Entonces serían casas de reconocimiento interno y de recuperación interna. De este modo los pacientes tendrían una actitud positiva ante su enfermedad y podrían aceptar y sobrellevar muchas cosas.

En las clínicas de este mundo se habla solo de enfermedades y sufrimientos. Así se origina una atmósfera de vibraciones de enfermedades, de temores y preocupaciones. Estas vibraciones se adhieren a los objetos, a las camas, sillas, armarios e instrumentos. Todas las habitaciones, incluso la sala de operaciones, están contagiadas con esto. El edificio y su alrededor irradian aquello que sucede en el recinto en pensamientos, palabras y obras.

También el miedo a la muerte atrae peligros. Este miedo ante la muerte puede provocar que el cirujano se ponga nervioso y decida algo equivocado o que durante la operación cometa errores que conducen a la muerte.

En una clínica no se puede desarrollar una fuerza constructiva y positiva si los médicos y el personal de enfermeras no han desarrollado una irradiación energética constructiva y motivante, si los pacientes son para ellos solo un objeto, o si estos son incluso prisioneros de sus ideas, indicaciones y costumbres.

Donde no hay comunidad entre el médico y el paciente, tampoco puede haber comunicación interna. El «objeto ser humano» dice «sí» a la persona de respeto, al médico, y en su interior, lleno de miedo y preocupación, hace brotar pensamientos de un posible fallecimiento.

La llamada muerte está para muchos rodeada de secretos, porque solo pocas personas han vivido correctamente y se han planteado la pregunta sobre el sentido de la vida. Solo pocos se preocupan durante su vida del tema de la muerte, del «de dónde» y «hacia dónde». Quien se ha preocupado seriamente de esto, viviendo cada día de tal modo que pueda pasar en cualquier momento al otro lado, sensibilizará también su alma y todo su cuerpo en los momentos de una situación crítica, por ejemplo, en una enfermedad, de manera que el médico se sienta estimulado y tome la decisión correcta. En muchos casos depende entonces del médico y del paciente si la enfermedad termina con la muerte o con la continuación de la vida terrenal.

Si de las clínicas y hospitales emanan solo sufrimientos, miedo, extinción y temor ante la muerte, allí no puede entrar ninguna fuerza positiva, ni tampoco tener efecto. Precisamente de clínicas y hospitales debería emanar una atmósfera positiva que influya serenando, reconstituyendo y fortaleciendo al paciente. Pero como en muchos hospitales y clínicas faltan médicos, asistentes y enfermeras con sabiduría espiritual, a menudo estas casas son lugares de horror.

Si los médicos y el personal pensaran, vivieran y actuaran espiritualmente, en muchos casos bastarían los medios de base natural, que estimulan al cuerpo a autocurarse por medio del Espíritu. Por lo tanto, en muchos casos se podría evitar una intervención en el organismo, una operación.

Una vez más quiero referirme a los ejercicios físicos, sobre los que Yo ya me he manifestado:

Una muy buena contribución para la salud la constituyen ejercicios físicos armoniosos acompañados de música armoniosa.

La música armoniosa, en conjunto con ejercicios corporales y ante todo la forma de pensar positiva, incitan a los grupos celulares a absorber más fuerzas vitales, a activarse y a estabilizar el cuerpo. De esta manera son estimulados los cuantos en la estructura atómica del ser humano y contribuyen, así como ya ha sido manifestado, a que este reciba más fuerza espiritual a través de Mí, el Médico y Sanador interno.

La acción armoniosa y legítima en el alma y el ser humano, produce una vibración más intensa de las células y de los músculos. En el cuerpo físico produce también la estabilización y normalización del aparato circulatorio. De este modo tanto el alma como el cuerpo se elevan a un ritmo corporal más alto, a una vibración superior.

Si el alma y el cuerpo están en armonía, la persona está también abierta para la orientación hacia una vida espiritual y para las fuerzas espirituales sanadoras y vitales.

Si el alma y también el cuerpo fuesen preparados con estos métodos sencillos para las fuerzas superiores de la vida, para las fuerzas espirituales en el ser humano, en muchos casos este podría adoptar una actitud positiva ante su enfermedad y el medio ambiente.

Por medio de estas sencillas ayudas, una persona desalentada en ciertos casos puede alcanzar nuevamente el equilibrio anímico y físico y llegar a vivir en armonía con su medio ambiente. En lugar de pensamientos sobre enfermedad y sufrimientos brotan confianza, esperanza, agradecimiento y la decisión de sanar completamente. Esa es la motivación adecuada para la estructura celular, para el estado celular, que entonces se activa gracias a Mi fuerza eterna y está dispuesto a recibir Mis corrientes sanadoras. En muchos hospitales faltan también conferencias informativas sobre la fuerza de los pensamientos positivos y también la literatura respectiva.

La fuerza de los pensamientos es muy diversa. Quien sepa aplicar correctamente sus pensamientos, se volverá creativo, sensible, sano y feliz.

Como ya ha sido manifestado, los pensamientos positivos, elevados y nobles son la mejor medicina. Si se preparase al cuerpo por medio de música armoniosa y de ejercicios físicos determinados, a más de un paciente se le podrían ahorrar muchas cosas.

El cuerpo físico es un «cuerpo de movimiento» y como terapia necesita también movimiento al aire libre o en cuartos amueblados armoniosamente, pues colores, formas y sonidos actúan en conjunto en el alma y en el cuerpo.

Los enfermos graves deberían recibir un cuidado y atención especiales. Muchas personas están agobiadas bajo la carga de una culpa del alma que se manifiesta en el cuerpo. Precisamente ellos necesitan especial dedicación y ayuda.

Si una culpa del alma fluye hacia fuera, no solo sufre el ser humano, el cuerpo, sino también el alma debilitada que en este periodo tiene menos energía.

Cuanta más dedicación altruista reciba la persona de su prójimo, y una persona querida participe de la vida del paciente, más sentido tendrá nuevamente la existencia de aquel que busca ayuda y sanación. El servicio abnegado será acogido también con agradecimiento por el alma atormentada.

Es recomendable que el personal de la clínica y también los miembros de la familia afectada incorporen a los enfermos graves al curso de la vida diaria. Sería bueno dar tareas mayores o menores a los enfermos, también a los enfermos que necesitan cuidado intensivo, según sea la intensidad de su afección corporal. Así ellos sienten que aún se les necesita.

También los enfermos graves deberían participar de las fuerzas reconstituyentes que nacen a través de la música armoniosa y de ejercicios físicos armoniosos. Si los enfermos de cuidado están postrados en cama, pueden ser transportados a pesar de todo a salas de música y gimnasia, que deberían ser también recintos de meditación. Así los pacientes postrados pueden participar de los ejercicios de los demás: Los sentidos de la vista y del oído registran los movimientos y los sonidos armoniosos. Estos son gratamente acogidos por la musculatura y las células, por todo el organismo de la persona, y reaccionan automáticamente a los tonos armoniosos que desatan vibraciones en los músculos y células. Estas vibraciones armoniosas son como un masaje interno que relaja los nervios y órganos y activa las fuerzas positivas en el ser humano: La consecuencia pueden ser esperanza, confianza y pensamientos de mejoría.

También el alma pobre en energía acoge agradecida las vibraciones de los sonidos armoniosos y los movimientos del cuerpo, o también solo la vibración de los músculos. Las vibraciones de la música y de los movimientos de los demás pacientes hacen que la estructura atómica del alma y del cuerpo del enfermo se eleve de vibración. Esto produce también en él un equilibrio anímico-físico.

En muchas clínicas los enfermos graves vegetan. Reciben medicamentos tranquilizantes para aliviar los dolores. Con frecuencia, estas personas son solo un objeto de ensayo para aquellos que ven el cuerpo terrenal como lo esencial y que saben poco o absolutamente nada sobre el alma, que es la que lo registra todo. Ellos son los que a menudo le producen al cuerpo espiritual, al alma, torturas inimaginables.

A todos los médicos y especialistas competentes se les pide encarecidamente una vez más, que otorguen mayor atención al portador de la energía vital, al alma. Si el alma sana, también sanará el cuerpo. Si el alma está sana, entonces el cuerpo también estará sano.

Hago una nueva llamada a los médicos:

Ved al paciente como a una parte vuestra. Lo que no queráis que se os haga a vosotros, no se lo hagáis a vuestro prójimo.

Los pensamientos son fuerzas insospechadas.

Las fuerzas positivas, armoniosas, elevan la vida afectiva y estimulan la fuerza para sanar.

Las fuerzas positivas dan consuelo al desesperanzado. Al afligido le dan valor. Al triste le dan fuerza para alegrarse nuevamente.

Amad a vuestros semejantes y ayudadles, entonces vosotros seréis amados. Lo altruista, bueno y hermoso que sale de vosotros, lo recibiréis de vuelta de muchas maneras.

Dejad por eso que los hospitales, las casas de enfermos, se transformen en Casas de la Salud.

Así se aclarará el mundo y los seres humanos se unirán dichosos y agradecidos ante Dios, la vida, la fuerza sanadora.

Cuando una persona que se ha recuperado vuelve a su medio ambiente, a su familia y a su lugar de trabajo y se ve nuevamente enfrentada con las costumbres y problemas antiguos, no siempre está en condiciones de mantener una cierta distancia de esto. Entonces surge el peligro de una recaída. En esta situación, la persona convaleciente debería tener la ayuda de un consejero para la vida con el cual pueda hablar sobre las dificultades que van apareciendo.

En verdad os digo a todos vosotros, a los médicos, a los científicos, a los teólogos, al personal asistente y a los enfermos: Quien aplica de forma correcta el método dado por el Espíritu, no solo tendrá un gran éxito, sino que prestará un gran servicio a la humanidad.

Las personas que están en Mí, el Espíritu, pueden realizar cosas grandes para la humanidad necesitada.

El mundo necesita a Cristo y a personas que en verdad piensen y vivan de manera cristiana.

La ley en el Peldaño del Orden dice: Pedid y se os dará. Buscad y encontraréis. Llamad y se os abrirá. Esto vale para todos los seres humanos, para médicos, científicos, teólogos y también para todos los que buscan la salud.

Para que las personas que están en el camino hacia el interior encuentren paz y alcancen tranquilidad y ayuda, se necesitan personas sabias y espiritualizadas que conozcan por propia experiencia las leyes de la vida y no por libros o conferencias. Se necesitan personas que ayuden y sirvan desde el interior, en acuerdo total con las leyes de la vida. Quien pueda hacer uso de una rica experiencia propia, el que la haya experimentado dentro y fuera de sí mismo a través de la propia realización de las leyes sagradas, es un verdadero servidor y ayudante de la humanidad.

Pedid y se os dará. Buscad y encontraréis.

Hay algunas personas que se han enterado no solo por libros de las legitimidades de la vida, que no poseen solo conocimientos extraídos de libros, sino que están en medio del cumplimiento de las leyes. Ellos son los que pueden asesorar a los médicos, teólogos y también a los científicos, para que haya más claridad en este mundo, también en los hospitales.

En esta época del gran cambio, en que fuerzas cósmicas fluyen más intensamente hacia este mundo Yo, el Espíritu eterno, Cristo, ofrezco nuevamente Mi servicio. Quien llame recibirá. Personas del Espíritu están dispuestas a servir y ayudar a todos los que sean de buena voluntad, que consigo mismos sean sinceros, honrados y justos.

Aquel que desee ayudar a su prójimo en un acto verdaderamente altruista, que trabaje entonces conmigo, Cristo, y con todos aquellos que Me siguen, con personas que cumplen las leyes del amor y de la paz. Bienaventurado aquel que lo puede captar en esta época del cambio cósmico. Quien tenga oídos, que escuche.

Quien tiene un corazón para sus semejantes, lo abre de par en par para prestar un servicio altruista al prójimo.

El saber intelectual ciega para ver la verdad. Quien quiera encontrar la verdad y hacer uso de ella, que actúe de forma altruista, abnegada, sin preguntar cuál es la ganancia, o si puede recibir prestigio u obtener dinero y bienes.

Oh ser humano, esmérate en el Espíritu. Entonces podrás cambiar y mejorar el mundo verdaderamente. Pues Yo quiero estar contigo.

La formación de una culpa del alma. Donde está tu tesoro, allí está tu corazón

Perdona para que tú también seas perdonado.

Dios te puede perdonar solo si pides perdón y tu prójimo te ha perdonado. No solo el conocer esta legitimidad es esencial: tan solo el saber y la práctica liberan a tu alma y a tu modo de pensar. Quien no perdone ni sea perdonado, no puede regresar al Hogar del Padre.

Si pides perdón y tu prójimo no te perdona, entonces tampoco puedes alcanzar la perfección. Por eso cuida de tu forma de pensar, hablar y actuar. Cada pensamiento, cada palabra y también cada acto te liberan o te atan a aquello que juzgas o que quieres sujetar, sean personas o cosas.

Por eso, oh ser humano, cuida de tus pensamientos, palabras y obras. Ellos pueden ser tu perdición o tu ventura. Si el mundo hubiese reconocido, captado y practicado el significado de esta afirmación: «Perdona para que tú también puedas ser perdonado», la humanidad no estaría al borde de la intolerancia, de la ignorancia y de la destrucción.

Mis exposiciones aclaran la ley de Causa y efecto y con ello también la enseñanza de la reencarnación.

Quien no se arrepienta, no pida perdón ni perdone, quien continúe juzgando y censurando y siga perjudicando de diferentes maneras a su prójimo, su alma volverá a encarnar de acuerdo con la ley de Causa y efecto, de Siembra y cosecha.

Las vinculaciones en la vida terrenal, que conducen a nuevas cargas, son muy variadas. A menudo pensamientos negativos e insignificantes son reforzados por otros pensamientos parecidos hasta que se forma un campo de pensamientos que Yo también denomino una analogía. Este campo de pensamientos, llamado complejo de pensamientos o analogía, es acogido por el alma magnética y forma la culpa en las partículas del alma, por medio de la transformación de las cinco clases de átomos espirituales. El complejo de pensamientos, la analogía, cubre entonces el núcleo divino del alma, el cual disminuye su intensidad, su fuerza de irradiación, mientras más analogías, más complejos de culpa existan.

Las múltiples causas que conducen a una culpa del alma, a un complejo de pensamientos, que es acogido por el alma magnética, no pueden ser nunca explicadas detalladamente con palabras. La ley de Causa y efecto es la ley del karma, es la justicia de Dios. Solo las personas sensibles, orientadas a Dios, sienten y saben el significado de la ley de Siembra y cosecha. Lo captan en su alma.

A menudo un pensamiento negativo insignificante puede ser la causa de un golpe del destino que acompaña al ser humano durante toda su vida terrenal, y además al alma en las esferas de purificación, influyendo en ella. Si este pensamiento insignificante es reforzado por pensamientos iguales o parecidos, se forma entonces un complejo de pensamientos que puede influir en el ánimo de la persona y en la función de su cuerpo. Un solo pensamiento contrario a las leyes de Dios puede ser el blanco para otras divergencias contra las leyes divinas, que en algunos casos son estimuladas por campos de energía externos o por almas. Así como los pensamientos negativos pueden ser fortalecidos por fuerzas negativas, de la misma manera los pensamientos nobles y puros son irradiados por fuerzas superiores, por seres espirituales y por la fuerza eterna, Dios.

Quien en su vida siembra pensamientos y palabras buenas, nobles y haga el bien, crea ideales y valores elevados para su futuro. Quien haya aprendido además a aceptarlo todo con agradecimiento, sea alegría o dolor, purifica realmente su alma y la prepara para el Hogar eterno.

Tanto en el Reino de sustancia sutil como en la existencia material no existen las casualidades. Todo está bien ordenado por el Dios creador: Por lo tanto, lo que el ser humano siembre en sensaciones, pensamientos, palabras y obras, eso cosechará. Esto está basado en la ley de Causa y efecto.

Dios es un Dios del orden, aunque el hombre de mundo no quiera captar ni aceptar las relaciones y vinculaciones cósmicas.

El camino a la casa del Padre es el sendero de la realización:

Con solo escuchar la palabra, el ser humano no encuentra el origen de la fuente. El escuchar y leer la palabra de Dios, sea de la Biblia o de fuentes espirituales que fluyen no mezcladas desde la verdad, no limpia el alma ni la transforma nuevamente en la imagen fiel del Padre. Solamente la ley vivida, la verdad vivida, hace libre al ser humano.

Quien haya ampliado su consciencia, elevándola por encima de los cuatro niveles de purificación, ya no rogará, no buscará ni llamará más, porque él ya ha encontrado: La plenitud de Dios le es manifiesta.

Por eso, oh ser humano, vive en el ahora. La Ley no conoce ni el ayer ni el mañana.

Todo se cumple en el ahora, porque existe solo el presente. Dios no es perecedero. Dios es eterno. Dios es la vida. Estés en el Espíritu o en la carne, todo es vida.

Libérate de ti mismo. Perdona. Deja lo que te preocupa. Eleva tu pensar, sentir y querer a Dios y cumple lo que es Su voluntad. Así se elevará tu alma y contemplarás en ti la verdad que te ha hecho libre.

Tienes que saber que donde está tu tesoro, allí está tu corazón. Allí estará alguna vez tu alma.

El alma de un afortunado antiguo hombre de negocios, que tuvo mucho dinero y bienes, que se adornaba y vanagloriaba con ellos, que consideraba su éxito y su posesión como su propio mérito, estará como alma nuevamente allí donde estuvo y está su corazón.

Una mujer y madre que no solo se sentía fuertemente unida a su familia, sino que se ató a los miembros de la familia, considerando a la pequeña parcela su propiedad, estará como alma nuevamente allí donde estuvo su corazón.

Dos personas adquieren, por ejemplo juntas, un trozo de terreno y después empiezan a pelearse, sosteniendo una lucha implacable, pues cada uno reclama su derecho. Si no se reconciliaron antes de que una de las almas de los contrayentes abandonara su cuerpo, después del fallecimiento ella se encontrará allí donde estaba todo su corazón, todos sus esfuerzos y anhelos. Se puede dar el caso de que como alma continúe allí las discusiones y siga trabajando y actuando como antes en traje terrenal. En esta realidad aparente, bajo ciertas circunstancias puede vivir mucho tiempo, hasta que despierte de su molde mental.

Del mar de relaciones kármicas he tomado solamente algunas gotas y las he manifestado brevemente.

Los seres humanos del Espíritu no miran temerosos el pasado ni aseguran miedosos el futuro. Ellos viven en el presente y reconocen qué posibilidades les son ofrecidas ahora por Mí, Cristo.

Para poder pagar ahora, en la vida presente, muchas cosas, para desenredar de esta manera el árbol kármico de la vida y ordenar su interior, se necesita una planificación correcta. Los seres humanos del Espíritu planifican, pero no se agobian ni a sí mismos ni a su prójimo para llevar a cabo aquello que solo puede hacer la ley. Los seres humanos que viven en la realización pueden estar seguros de que la ley del amor se cumple en ellos y a su alrededor. Ellos pueden sentirse libres, desvincularse, y planificar para el futuro.

La opinión del ser humano constituye el lazo que después del fallecimiento del cuerpo atrae al alma hacia allí donde como ser humano saboreó sus pasiones y alegrías:

Si hasta el final de tu vida sigues siendo un bebedor, tu alma volverá a estar entre los alcohólicos. El alma de un glotón se sentirá en su casa allí donde hay alimentos y golosinas en abundancia. Se sentirá atraída hacia allí donde los seres humanos concentran toda su atención en placeres y cosas parecidas.

El alma de un drogadicto estará una vez allí donde viven personas iguales, donde se pueden adquirir esas sustancias. Quien se entregue a los apetitos y pasiones, estará como alma alguna vez entre aquellos que piensan y viven de forma semejante.

El alma de un asesino permanecerá en el lugar en el que aún están e irradian las vibraciones aún no expiadas de sufrimiento y dolor de su víctima.

El alma de una persona que algún día se suicidó, seguirá viviendo y actuando en el mismo lugar en el que antes estuvo como ser humano. Esto persistirá hasta el momento en el que el cuerpo, cuando aún estaba vivo, habría alcanzado la muerte física, de acuerdo con la ley de Causa y efecto.

Dios, la Ley eterna del amor, envía incansablemente impulsos tanto al alma como al ser humano, para que despierte y se oriente hacia su consciencia sagrada.

Bienaventurado aquel que se ha orientado hacia la emisor supremo, a Dios. Así puede ser prevenido y recordado por Él y así reconocerá que es el Padre amoroso el que exhorta a Su hijo a recapacitar y regresar.

Lo que Yo he manifestado es una guía para todas las personas de buena voluntad.

Lo manifestado será reconocido, afirmado y realizado por un alma despierta y madura.

Mi palabra no es obligatoria, sino que aclara, exhorta y guía.

Quien quiera reconocer y experimentar en sí mismo la verdad, la ley de la vida, tiene que encontrar primero la verdad.

Que lo que Yo he revelado dé a Mis hijos humanos una visión profunda de la poderosa Ley eterna, cuyos detalles puede captar y comprender solo aquel que ha encontrado la verdad, que no se limita solamente a la percepción de las palabras, sino que capta su sentido.

La experiencia propia de todas las cosas encuentra su plenitud solo en la auténtica y profunda contemplación interna, no en la palabra.

Las palabras son solo símbolos. Quien no pueda ver detrás del espejo de las palabras, en el simbolismo de la palabra, preguntará una y otra vez si lo manifestado por Mí corresponde a la verdad. No reconocerá las grandes relaciones porque no se conoce a sí mismo.

La verdad está en ti, oh ser humano. La palabra es solo una orientación.

Reconoce esto y encuentra la verdad interna. Entonces Me encontrarás a Mí, a tu Redentor, el inspirador de la verdad eterna. Pues Yo Soy el camino, la verdad y la vida.

Quien se ha convertido en la verdad escucha Mi voz.

Yo Soy la verdad en todo lo que existe.

Quien vive en Mí, a través de él vivo Yo conscientemente. Él ha llegado a ser uno conmigo. Él se provee de la plenitud y contempla la plenitud como hijo consciente e hija consciente de los Cielos.

Amén.

DIOS
sana

¿Quién no necesita en algún momento sanar? Cada vez más personas saben del fuerza central dentro de cada ser humano, la fuerza primaria de la vida: el Espíritu divino universal, que también es la fuerza sanadora en nosotros. Pero ¿cómo podemos desarrollar las fuerzas sanadoras divinas que hay en nosotros?

En este libro, Gabriele nos da muchas indicaciones y consejos, incluido un ejercicio práctico sobre los pensamientos positivos, que nos hace experimentar lo rápidamente que pueden actuar las fuerzas positivas. Ella describe, por ejemplo, cómo podemos eliminar los pensamientos negativos y qué es lo importante a la hora de rezar. También explica cuál es la postura corporal adecuada para facilitar la afluencia de fuerzas sanadoras y cómo podemos hablar a nuestros órganos. Y también indica lo que cada uno puede hacer para tener una buena cooperación con el médico. Y mucho más.

Tapa dura, 116 págs., Nro. de pedido: S309es.
ISBN 978-3-96446-050-9

También como **E-Book**

Las grandes enseñanzas cósmicas de JESÚS de Nazaret

a Sus apóstoles y discípulos que podían captarlas, con explicaciones de Gabriele

A través de Gabriele, la gran profeta de enseñanza y enviada del Reino de Dios en nuestro tiempo, Cristo mismo manifestó la ley de la verdadera vida, que Él enseñó hace más de 2000 años al círculo interno de Sus apóstores y discípulos.

Por primera vez en la historia de la humanidad Sus grandes enseñanzas cósmicas están al acceso de todas las personas. Las grandes enseñanzas cósmicas nos acercan las leyes divinas eternas y nos hacen sentir la vida que está en lo profundo de nuestra alma, que es nuestro hogar, y descubrir quiénes somos en verdad, seres cósmicos, hijos del amor infinito caminando de regreso al Reino eterno de Dios, del que partimos.

Las grandes enseñanzas cósmicas de Jesús de Nazaret han sido dadas y explicadas por Gabriele. Ella indica cómo se pueden utilizar en la familia, en la profesión y en el tiempo libre. Las grandes enseñanzas cósmicas de Jesús de Nazaret están compendiadas en un gran tomo junto a las explicaciones dadas por Gabriele.

Tapa dura, 916 págs., Nro. de pedido: S181es.

ISBN 978-3-89201-615-1

También como **E-Book**

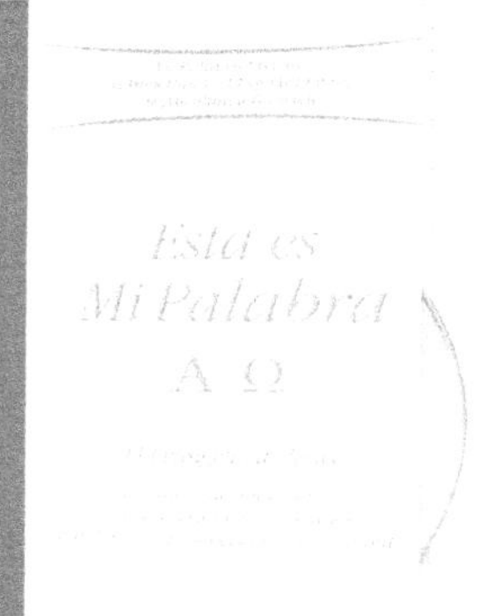

Esta es Mi Palabra
A *y* Ω

El Evangelio de Jesús

La manifestación de Cristo que los verdaderos cristianos han llegado a conocer en todo el mundo

Jesús de Nazaret no fundó una religión. No instauró sacerdotes ni enseñó dogmas, ritos o cultos. Hace 2000 años trajo la verdad desde el Reino de Dios: la enseñanza del amor a Dios y al prójimo, a los seres humanos, la naturaleza y los animales, la enseñanza de la libertad, de la paz y de la unidad. Él habló del Dios del amor, del Espíritu Libre –Dios en nosotros.

En la gran obra manifestada «Esta es Mi palabra. Alfa y Omega» Cristo habla a través de Gabriele, la profeta y enviada de Dios, desde el Reino de Dios, sobre el pasado, el presente y el futuro.

En Su obra, que es una obra histórica, se dirige a toda la humanidad para explicar lo que enseñó siendo Jesús de Nazaret, cómo transcurrió Su vida en la Tierra y muestra todo lo referente a la gran obra de Redención, que tiene su origen en el Reino de Dios.

Tapa dura. 1059 págs., n° de pedido: S007es. ISBN 978-3-89446-011-0
El libro incluye un CD de audio con la Palabra Eterna del Reino de Dios: *«La llamada del Cristo de Dios»* y *«La aparición»*, dada por Gabriele, la profeta de Dios en nuestro tiempo.

Tapa blanda. 1136 págs., Nro. de pedido: S007TBes.
ISBN 978-3-89446-011-0 (sin CD)

También como E-**Book**

Con todo gusto le enviamos nuestro
catálogo de libros actual así como
pruebas de lectura sobre diferentes temas.

Gabriele-Verlag Das Wort
Max-Braun-Str. 2,
97828 Marktheidenfeld, Alemania

www.editorialgabriele.com

www.ingramcontent.com/pod-product-compliance
Lightning Source LLC
LaVergne TN
LVHW021939220826
846092LV00010B/1171